LA NUIT DE FEU

ERIC-EMMANUEL SCHMITT

LA NUIT DE FEU

ALBIN MICHEL

IL A ÉTÉ TIRÉ DE CET OUVRAGE

Vingt-cinq exemplaires
sur vélin bouffant des papeteries Salzer
dont quinze exemplaires numérotés de 1 à 15
et dix exemplaires, hors commerce, numérotés de I à X

1

Je crois que j'ai aimé Tamanrasset à l'instant même où la ville m'apparut derrière le hublot. Une fois que l'avion eut quitté Alger, nous avions survolé la lune, n'apercevant durant des kilomètres qu'un sol sec de sable, de caillasse et de roches où se gravait, tel un trait d'ongle dans la poussière, la piste rectiligne qu'empruntaient jeeps, camions et caravanes. Les arbres me manquaient déjà, les champs généreux, les rivières méandreuses. Supporterais-je une marche de deux semaines au Sahara ? J'appréhendais le dénuement, l'espace fossile, l'air privé de pollen, la nature qui ignore les saisons. Était-ce parce que je la toisais du ciel, je jugeais cette terre pauvre. De temps en temps, une oasis surgissait, touffe verte où s'emmêlaient palmiers, figuiers et dattiers autour d'un monticule ; ému, je chuchotais alors « Tamanrasset », mais mon voisin me corrigeait : il s'agissait de Ghardaïa, ou d'El-Goléa la citadelle aux cent fruits, ou encore d'In Salah. Puis, de nouveau, la monotonie prenait possession des contrées immobiles...

Après une demi-journée de trajet, Tamanrasset s'était enfin montrée, annoncée par la voix du pilote. La douceur du site m'avait surpris : la cité reposait dans une enclave ; deux bras de granit, pliés, arrondis, la présentaient tout en la protégeant. Entre les escarpements, des baraques minuscules, cubiques, en argile safranée, me rappelèrent les maquettes de mon enfance, celles que je bricolais pour garnir le décor où se faufilait mon train électrique.

Sitôt que je mis un pied hors de la carlingue, l'haleine de ce territoire m'enlaça, caressa mes oreilles, frôla mes lèvres et j'eus la certitude que, par cet effleurement, le désert m'offrait une accolade de bienvenue.

Nous entreposâmes nos bagages à l'hôtel ; heureusement qu'une pancarte mal clouée annonçait sa fonction puisque rien ne distinguait l'édifice de ses voisins, sinon, dans le hall, un comptoir prétentieux en bois jaune.

Là nous attendait Moussa, le Touareg avec lequel nous avions échangé des messages au cours du mois précédent. Par fax et téléphone, l'indigène nous avait livré les renseignements dont nous avions besoin pour l'écriture de notre scénario. Grand, étroit, frêle, couvert de coton noir, le teint acajou, Moussa nous adressa le sourire franc et joyeux qu'on réserve d'ordinaire aux intimes et nous invita à dîner chez lui.

L'hospitalité m'a toujours déconcerté car j'ai grandi à Lyon, une métropole frileuse, recroquevillée, où l'on ne reçoit un camarade qu'après des mois – voire des années – d'examens scrupuleux. L'introduire en son foyer consiste à lui décerner un diplôme signifiant «fréquentable». Dépourvu d'informations, Moussa, lui, s'enchantait de nous accueillir et nous ouvrait spontanément sa porte, d'autant plus spontanément que sa maison n'en comportait pas.

Nichée au milieu d'une ruelle où les bâtisses se ressemblaient autant que les alvéoles d'une ruche, cette basse demeure de glaise ne proposait que deux pièces exiguës, la cuisine et la salle commune. Je ne vis pas le réduit, occulté par un rideau en coton, où l'épouse et les filles de Moussa préparaient le repas; en revanche je passai la soirée dans la cellule vide, d'une propreté rigoureuse qui se transformait chaque nuit en chambre pour la famille au complet. En contraste avec l'austère absence de meubles, de bibelots ou d'images, le couscous m'apparut fastueux, coloré, ses viandes et ses légumes posés tels des bijoux sur un coussin de semoule. Quant au thé à la menthe, il me fit davantage d'effet qu'un grand cru : sucré, musqué, épicé, il déployait en ma bouche une farandole de goûts, tantôt exotiques, tantôt familiers, tantôt envahissants, au point d'en avoir la tête qui chavire.

Au-dehors la nuit était tombée brusquement et, avec

elle, la température. Durant vingt minutes, le ciel du crépuscule avait modifié sa pourpre en un souffle qui rafraîchissait la plaine sans herbes ni buissons, puis l'ombre avait gagné, définitive, étouffant même le vent.

À la lueur d'une flamme qui, issue d'une lampe à huile, dispensait sur nos visages une lumière dorée quasi liquide, la conversation coulait, aisée. Assis à même le sol, Gérard, le metteur en scène du film, et moi, son scénariste, multipliions les questions à notre hôte, lequel nous répondait de sa voix langoureuse au timbre fruité. Plus encore que ses paroles, les mains du Touareg me fascinaient, effilées, enchâssant dans une paume émaciée des doigts délicats comme des pattes d'araignées ; elles se tournaient régulièrement vers nous, prodiguant la nourriture et les éclaircissements. J'eus d'emblée confiance en ces mains étrangères.

Nous évoquions la vie des Touareg… Même s'il possédait une habitation à Tamanrasset, Moussa demeurait un nomade qui parcourait le désert neuf mois par an. Son logement n'était constitué que d'une tente maçonnée qui alternait avec sa tente de toile, raison pour laquelle ses biens – vêtements, casseroles, vaisselle – tenaient dans quelques sacs promptement noués que lui et les siens emportaient. Nul besoin de sièges, de lits, de coffres, de portes, de serrures, de clés…

– Où cachez-vous votre téléphone, Moussa ? Votre fax ?

Ravi, il m'expliqua que son beau-frère dirigeait une agence de voyages à dix kilomètres, et qu'il s'y était rendu maintes fois. Selon lui, à l'évidence, un téléphone et un fax suffisaient aux besoins de la région ; il se rengorgeait que son parent détînt cette technique moderne. Après s'être appesanti sur la réussite familiale, il nous décrivit les paysages que nous allions traverser.

– *Bioutifoul !*

Il n'usait que de ce mot :

– *Bioutifoul !*

À l'entendre, nous pénétrerions des lieux *bioutifoul !* Et d'autres *bioutifoul.* Si le vocabulaire manquait de variété, les regards dont il accompagnait ses exclamations fournissaient un commentaire : là ce serait joli, là ce serait majestueux, là ce serait terrorisant, là ce serait harmonieux. Par ses mimiques, il colorait ses *bioutifoul* comme un grand peintre.

L'intérêt que nous portions à la fabuleuse culture targuie semblait normal à Moussa, son ambassadeur ; en retour, il ne nous interrogeait jamais sur nous, notre pays ou nos coutumes. Je décelai ce que me confirmerait notre voyage : au désert, on ne se soucie pas du reste puisqu'on occupe le centre du monde !

À vingt-deux heures, nous nous séparâmes de Moussa en lui rendant autant de *thank you* qu'il nous avait gratifiés de *bioutifoul.*

– Rappelez-moi comment s'appelle l'hôtel ? demanda Gérard pour plus de sûreté.

– *Hôtel.*

– Pardon ?

– C'est l'hôtel *Hôtel*, expliqua Moussa en riant. Jusqu'à peu, il n'y avait que lui... Maintenant le gouvernement a construit l'hôtel *Tahat*, mais ça ne remplacera pas l'hôtel *Hôtel* !

Une nuit sereine baignait la ville, sans rapport avec l'obscurité préalable, celle qui avait suivi le crépuscule. Comme si le site s'y était habitué...

Le long des grêles tamaris, je remarquai qu'en bas, certains bâtiments disposaient de l'électricité. Après la limpide suavité d'une soirée passée autour d'une lampe à huile, le néon verdâtre, producteur d'une lumière sale et de ténèbres laides, loin de marquer un progrès, me parut une verrue... Sa phosphorescence m'importunait. Comment peut-on tant éblouir et éclairer si peu ?

Je titubais à chaque pas... Le thé, la conversation, l'atmosphère – que sais-je ? – m'avaient enivré... À moins que le voyage m'eût terrassé... ou que le dépaysement m'eût brisé... Dix fois, je dus me retenir à un muret. Mes chevilles se tordaient. D'incompréhensibles apnées m'ankylosaient.

– Tu vas bien ?

Gérard, l'œil en biais, s'inquiétait.

Penaud, j'utilisai mon ultime énergie à masquer mon trouble.

– Très bien.

Même si j'avais brandi ces mots pour barrer sa curiosité, je ne mentais pas. Quoique mon déséquilibre eût l'apparence du malaise, je me sentais à l'aise, flegmatique, plus détendu qu'à Paris où nous courions le matin même. Ma défaillance exprimait une vision confuse, l'intuition d'avoir rejoint une contrée essentielle, un pays qui m'attendait... Ou que j'attendais...

– Bonsoir.

– À demain.

– Sept heures et demie dans le hall, Éric, n'oublie pas.

– Je règle mon réveil !

À l'hôtel, juste avant de gagner ma chambre, je levai le front en traversant le patio.

Le ciel s'abattit sur ma tête. Les étoiles ruisselaient, proches, palpitantes, vivantes, à portée de main. L'infini me souriait. En une seconde, je flairai que j'avais rendez-vous avec l'exceptionnel.

Hélas, je trébuchai de fatigue et baissai les yeux. Trop tard ! Pas la force... Buté, je m'en tenais à mon plan : dormir.

En entrant dans la douche, je dérangeai six cafards qui, indignés, s'éparpillèrent sur la surface grumeleuse des carreaux. Une odeur de pieds et de crotte déferlait des tuyaux. Je reculai en me bouchant le nez. Séjourner là allait m'encrasser, pas me nettoyer ! Après tout, étais-je si sale ? Et puisque je couchais seul...

Quoique maniaque de l'hygiène, sans avoir touché aux robinets, j'enfilai une autre chemise, laquelle, exhalant un parfum de lavande, me prodigua l'illusion de la propreté ; puis je m'écroulai sur le lit – un mince matelas en mousse jeté à même le sommier en ciment –, sans prêter attention aux parois barbouillées de moustiques écrasés.

Je sombrai, impatient non pas de quitter ce monde, mais de le retrouver au plus vite.

À l'évidence, je n'avais pas débarqué dans un pays inconnu, j'avais atterri dans une promesse.

2

Je ne me réveille jamais entier; des parts de moi restent engluées dans le sommeil. Mon cerveau stagne, macère, ignorant le lieu où il se situe; mes membres bougent difficilement; les mots me manquent, les souvenirs aussi. Même mon nom, parfois, s'esquive… J'émerge de chaque nuit comme un cadavre échoué au bord d'une plage à marée basse. Pendant un temps indistinct, je demeure cette forme vide, une conscience qui constate qu'elle existe, privée de contenu. Puis mon identité, lente, quasi indolente, revient, à son rythme, telle l'humidité s'étalant sur un buvard; à un moment, je découvre que je suis enfin redevenu moi.

Ce jour-là, à l'hôtel *Hôtel,* je n'échappai pas à la règle qui me transforme en naufragé matinal.

Feignant de débouler dans la pièce quand j'ouvris les paupières, la lumière me frappa. Quelle intensité! Mes doigts interrompirent la sonnerie. Mes yeux parcoururent les murs en crépi crème où dansait l'ombre des voiles qu'agitait une légère brise près de la fenêtre. Où avais-je dormi ? Des sons nouveaux arrivaient de l'extérieur, des voix feutrées à la prononciation mouillée, des cris verts d'oiseaux, des fureurs de chats dont les miaulements suraigus triomphaient des mobylettes stridentes.

Où ?

Des mouches vinrent tourner au-dessus de mon oreiller. Fureteuses, obstinées, ces espionnes en escadrille me survolaient comme si elles n'avaient jamais vu un Français.

Algérie… Tamanrasset… Voyage avec Gérard…

Je soupirai, réjoui de camper aux portes du désert et du jour.

Pourtant, quelque chose me décontenançait. Mais quoi ?

À un coup de klaxon, je décelai l'incongru : l'absence du grondement qui caractérise toute ville. Aucun trafic n'encombrait les rues. Si j'entendais une voiture, je la discernais aussi nettement qu'en pleine campagne. D'ordinaire, le chaos urbain impose davantage de bruits que de silences ; ici, les bruits se dessinaient sur fond de silence. Tamanrasset, cette plaine qui, un siècle plus tôt, n'offrait encore qu'un point d'eau aux tentes nomades, avait conservé sa dignité de cité rare.

Maintenant que le sang recirculait sous ma peau, je souffrais de douleurs aux chevilles, aux mains, au cou. J'avais régalé les moustiques. Un festin…

Ma torpeur décréta que les piqûres ne me suppliciaient pas et je refermai les yeux, histoire de fainéanter un peu. Sept heures du matin ! Pourquoi ? Une erreur, sans doute… Couché sur le ventre, je déplaçai mon crâne, mes jambes, mes bras, lesquels pesaient une tonne. Parviendrais-je à les relever ? Ils menaient une vie indépendante. Aurais-je le courage de les contraindre à se mouvoir ensemble ?

Du couloir, la voix tonique de Gérard retentit :

– Éric ! N'oublie pas que nous allons voir les marchands de bijoux ce matin.

J'interrompis la méditation qui visait surtout à rationaliser ma paresse, me ruai hors du lit, retrouvai dans la douche les cafards scandalisés, battis en retraite et, l'œil rivé sur eux, me lavai à la façon de mes grands-parents, au gant, debout devant le lavabo.

Je rejoignis Gérard. Le hall servait de restaurant. En avalant un café amer, je tartinai une confiture de dattes qui, malgré la mention du fruit, n'avait que le goût du sucre. Durant mon application masticatoire, Gérard compulsait divers volumes consacrés à la région, ce qui me permit de contrôler, en y jetant un œil, qu'à cette heure-là je ne savais pas encore lire.

Moussa apparut, fringant, allègre, plus jovial que la veille. Il nous mena jusqu'à une jeep kaki empruntée à son beau-frère, véhicule qu'il nous présenta fièrement comme s'il s'agissait d'un parent. Je m'assis à l'arrière, toujours hagard, et nous partîmes.

Moi qui avais estimé que le mal de voiture m'avait quitté avec l'enfance, je crus régresser. Les inégalités du chemin, ses trous, la rude façon qu'avait Moussa de les aborder brassaient mes viscères. L'estomac me grimpait aux lèvres. Alors qu'à chaque seconde je souhaitais descendre, je dus m'accrocher aux poignées de la portière pour éviter l'expulsion. Vu le vacarme et les heurts, je me figurais filer à cent kilomètres à l'heure, tandis que nous devions culminer à vingt...

Moussa freina près d'une rangée d'arbres rachitiques.

– Et voilà, mes amis !

Le marché aux bijoux n'avait rien de la place Vendôme. À l'orée de la ville, un rectangle de terre battue entre des buissons. Des tentes dressées sur la poussière. Des linges où gisaient les articles. Des sacs plastique en guise de boîtes ou d'écrins.

Ne se massaient là que des vendeurs parmi lesquels je craignis que nous fussions les seuls clients. Plus étrange encore, les hommes allaient et venaient sans compagnie féminine ; si la plupart des bijoux leur étaient destinés, les femmes ne les choisissaient pas.

Moussa nous introduisit auprès des commerçants qui organisèrent le thé d'accueil et étalèrent bracelets, colliers, diadèmes, bagues, prévoyant que nous leur en achèterions. Comment leur expliquer que, voyeurs en repérage pour un film, nous nous satisferions de les admirer ? Pas facile de justifier, après nous être extasiés sur la beauté des objets, que nous n'en acquerrions pas ! Patients, opiniâtres, les Touareg vantaient leur marchandise. La pression s'accentuait. Afin de nous convaincre, ils évoquaient le plaisir que ces cadeaux dispenseraient à nos épouses, nos fiancées, nos sœurs, nos mères… Je commençais à me sentir un sous-mâle : mon devoir ne me commandait-il pas de démontrer ma puissance virile en rapportant des colifichets chez moi ?

Lorsque Moussa soupçonna que nous n'étions pas intéressés, il nous mena vers les artisans, membres de la caste inaden, qui forgeaient des poignards ornés : peut-être désirions-nous des bijoux masculins ? Soucieux d'avoir deviné nos envies, ses yeux miroitaient d'impatience.

La situation nous embarrassait. Par lâcheté ou par gentillesse, je revins en arrière et sélectionnai des boucles d'oreilles. Gérard, lui, négocia une dague au manche ouvragé.

Cela rassura Moussa.

– Vous êtes contents ?

– Oui.

– Vraiment contents ?

– Ces bijoux vont faire un malheur à Paris.

– Alors je suis content aussi !

Il avait douté de lui, pas de nous…

Nous remontâmes dans la jeep pour gagner le

rendez-vous suivant : la chapelle et le bordj qu'avait habités Charles de Foucauld.

Pendant que le soleil rôtissait nos épaules, nous échangeâmes un regard ému, Gérard et moi. Charles de Foucauld... Nous frémissions d'intimidation... Charles de Foucauld, le preux qui occupait nos heures de lecture, de travail et de rêve... Charles de Foucauld, dont nous voulions tout savoir... Charles de Foucauld, le marabout blanc... Un siècle après, nous allions toucher les endroits où avait vécu ce héros sur lequel nous élaborions un scénario.

Le véritable voyage consiste toujours en la confrontation d'un imaginaire à une réalité ; il se situe entre ces deux mondes. Si le voyageur n'espère rien, il ne verra que ce que voient les yeux ; en revanche, s'il a déjà modelé les lieux en songe, il verra davantage que ce qui se présente, il percevra même le passé et le futur au-delà de l'instant ; éprouverait-il une déception, elle s'avérerait plus riche, plus fructueuse qu'un simple procès-verbal.

Malgré les cahots, je renversai la tête vers le ciel, offris mon visage à la chaleur du jour et, paupières closes, me concentrai sur les événements qui m'amenaient ici.

Quelle aventure m'avait conduit au Sahara ?

J'avais vingt-huit ans et j'enseignais la philosophie à l'université de Savoie. Jeune maître de conférences, j'amorçais une carrière qui s'annonçait féconde puisque, déjà normalien, agrégé, docteur, j'avais des chances, si

j'écoutais les rumeurs flatteuses de mes aînés, de « finir »
à la Sorbonne, voire au Collège de France.

Pourtant, quoique aimant ma discipline, je me défiais
du chemin que les gens discernaient devant moi...
Était-ce le mien ou la suite logique de mes études ?
S'agissait-il de ma vie ou de celle d'un autre ?

L'adulte s'y retrouvait, pas l'enfant. Dès mes pre-
mières années, j'avais montré des démangeaisons créa-
tives, confectionnant des marionnettes, gribouillant des
bandes dessinées, composant des morceaux au piano,
écrivant des contes, volant à mon père sa caméra ou
son appareil photographique, rédigeant puis montant
des comédies au lycée. Or mes études, en me formant,
m'avaient aussi déformé. J'avais appris. Beaucoup
appris. Rien qu'appris. On avait fortifié ma mémoire,
mes connaissances, ma capacité d'analyse et de syn-
thèse ; avaient été laissées en friche la fantaisie, la verve,
l'imagination, l'invention spontanée.

Depuis un an, j'étouffais.

Bien que j'eusse tenacement travaillé pour rempor-
ter les concours, décrocher les diplômes, je me sentais l'otage de ces réussites. Si elles m'apaisaient, elles
m'éloignaient de moi.

De moi ?

Non ! Même cela, je ne pouvais l'assurer.

Moi...

Qui était-ce, moi ?

Qu'avais-je à faire sur cette terre ?

Dans cet état, j'avais entamé une démarche parallèle aux cours que je donnais. Une pièce était sortie de ma plume, aisée, au fil de l'écriture, *La Nuit de Valognes* ; une série de pastiches en prime, l'histoire d'Othello selon le style de divers dramaturges. Ayant envoyé mes essais littéraires à une célèbre actrice dont je possédais l'adresse, Edwige Feuillère, celle-ci, séduite et charitable, m'avait ouvert les portes du monde théâtral et audiovisuel.

À la lecture de ces textes, Gérard V., metteur en scène de théâtre et réalisateur de cinéma, m'avait téléphoné.

– Seriez-vous intéressé par un film sur Foucauld ?

– Lequel ? Le penseur ou le prêtre ?

– Qui préférez-vous ?

– Les deux m'intéressent, Michel autant que Charles.

– Ils n'ont pourtant rien à voir l'un avec l'autre.

Comme Gérard avait raison ! Michel Foucault, Charles de Foucauld… L'un était à la mode, l'autre pas. L'un avait été philosophe, l'autre mystique. L'un athée, l'autre converti. L'un avait milité en faveur des droits homosexuels, l'autre, après de multiples liaisons féminines, avait adopté la chasteté. On ne pouvait débusquer individus davantage situés aux antipodes. Seul point commun : tous deux avaient perdu la vie dans des circonstances poignantes, Michel Foucault détruit par le virus du sida, Charles de Foucauld assassiné par un proche.

J'avouai néanmoins à Gérard que, pour divers motifs, les deux personnages me captivaient, tant chacun me donnait à réfléchir.

– Il s'agirait de Charles de Foucauld, lâcha enfin Gérard.

– Pourquoi voulez-vous tourner un film sur lui ?

Sans me rendre compte de mon audace, j'avais inversé les rôles et m'instaurais questionneur.

Gérard m'expliqua d'une façon poétique, viscérale, floue, authentique, son attachement à Charles de Foucauld, ancien militaire de la France coloniale qui, une fois touché par la grâce, était parti en Algérie ni pour conquérir ni pour catéchiser mais pour vivre auprès des Touareg et nous fournir leurs poèmes, leurs légendes, leurs lois, ainsi que le premier dictionnaire de leur langue.

Le lendemain, nous nous rencontrions et parlions longtemps du moine Foucauld. Le soir, Gérard appelait un agent et j'obtenais un contrat de scénariste, moi qui n'avais jamais tracé une ligne destinée au cinéma ou à la télévision.

Voilà pourquoi nous débarquions au Sahara, Gérard et moi, après six mois de documentation, de discussions, d'écriture.

Quel paradoxe !

Deux artistes marchant sur les pas d'un mystique ! Deux Parisiens visant à comprendre comment un riche héritier snob avait pu faire vœu de pauvreté, aimer son prochain sans relâche, puis rallier les Touareg, peuple effrayant à l'époque car inconnu, errant, secret, inaccessible. Ni Gérard ni moi n'appartenions à une Église ; si nous suivions les traces de Foucauld jusqu'au cœur du désert, c'était par passion pour une figure humaine, celle d'un sage universel, un sage qui ne nous imposait pas d'être chrétiens pour nous inspirer, un sage reconnaissable par tout individu et toute civilisation.

La voiture stoppa devant La Frégate.

Un chien pissait contre un palmier, l'œil vide. Des poules caquetaient. Deux gamins qui baguenaudaient s'immobilisèrent et s'évertuèrent à saisir ce que, adossés à la jeep, nous scrutions avec tant d'intérêt.

Ils avaient raison… Qu'avions-nous en face de nous ? Un bloc de pierres mal jointes, long de six mètres, étroit d'un mètre soixante-quinze, au toit de branchages à hauteur d'homme. Alentour, la ville alignait des centaines de bâtiments plus amples, mieux construits.

Or, ce parallélépipède, maçonné de façon si malhabile, avait été la première maison de Tamanrasset en 1905, dans cette oasis où ne se trouvaient que vingt « feux » comme on disait naguère, soit vingt huttes en roseaux. Charles de Foucauld avait élu l'endroit parce qu'il lui semblait délaissé par la civilisation coloniale française – et il souhaitait d'ailleurs qu'il le restât. Persuadé qu'on n'y installerait ni mission, ni garnison, ni télégraphe, il s'était dévoué aux autochtones selon son idéal.

En hommage à son Dieu, il avait érigé La Frégate, moitié chapelle, moitié sacristie, puis, à côté, une cabane en paille – servant de dortoir, réfectoire, cuisine, parloir, chambre d'hôte –, laquelle avait disparu.

Aujourd'hui Tamanrasset, l'ancien village de quarante âmes, présentait une population de cent mille habitants ; les camions bousculaient les chameaux, des avenues goudronnées recouvraient la terre rubigineuse, des sacs en plastique roulaient autour des chardons secs, déboulant du désert, et des fontaines sculptées propulsaient l'eau précieuse dans le ciel. Charles de Foucauld avait eu tort mais je tentais de voir le site avec ses yeux, des yeux de 1905, projetant une masure isolée au milieu d'une plaine en terre battue.

– À reconstruire ! conclut Gérard.

– Pardon ?

– Le décor. Pour le film…

Pouvoirs de l'imagination : si je voyais le passé, Gérard, lui, voyait le futur, le tournage de son long-métrage…

Nous partîmes au bordj.

La chaleur avait progressé. Des taches de transpiration maculaient ma chemise sous les aisselles, aux reins, sur l'estomac ; mon pantalon comprimait mes cuisses et me brûlait l'entrejambe. Gérard tolérait mal le climat, son teint virait groseille. Jugeant notre habillement inadapté, je commençai à envier les hommes que nous croisions en djellabas, libres de leurs mouvements, moins oppressés par la température, dégagés sous cette robe qui ne persécutait aucune partie du corps. Ils déambulaient, purs et propres, exploit impossible à moi qui dégoulinais, la poussière collée à ma peau. Comment s'y prenaient-ils ? Même leurs pieds, dans leurs sandales ajourées, restaient soignés ! Dire que nous, Européens, avons un complexe de supériorité...

Le bordj se dressait, imposant. Fortin en argile sanguine, fermé, sans fenêtres, surmonté de créneaux, il attestait la violence du monde : Charles de Foucauld n'avait pu poursuivre son idéal de vie simple, il lui avait fallu élever cette citadelle pour protéger les villageois des hordes de pillards venus d'ailleurs. La raison l'avait emporté ? Non, la force. La force bête, âpre, féroce, qui veut s'approprier les biens des autres et fait peu de cas de leur existence.

Le bordj évoquait un échec doublé d'une tragédie. C'est là que, en 1916, Charles de Foucauld avait été abattu d'une balle dans la tête par un garçon qu'il connaissait et qu'il avait aidé. En vérité, quoique spectaculaire, cet édifice hautain ne narrait qu'une histoire : la cacophonie entre les hommes.

– Possible ! s'exclama Gérard.

– Quoi ?

– Suffira de placer judicieusement la caméra. On gommera quelques détails... Impeccable !

Gérard aimait cette fin pathétique – la fin de son film et la fin de Foucauld –, des pages qu'il m'avait ordonné d'écrire maintes fois, afin que le dénouement marque. Moi, ce n'était pas les détails que j'aurais voulu effacer, mais l'essentiel… la mort injuste d'un Juste.

– Je sais ce que tu rumines, m'annonça-t-il en sortant un cure-dent.

– Bravo, car je l'ignore…

– Tu songes au destin de Foucauld et tu voudrais que l'amour ait changé le monde.

– Pas toi ?

Il fit glisser le morceau de bois à la droite de sa bouche et considéra l'épais bouclier en mortier qui défendait l'entrée du bordj.

– Je souhaite autant que toi que les bons sentiments triomphent mais j'accepte que ça demeure impraticable.

– Tu te résous au fiasco ?

– Je me résous à la lutte incessante. Selon moi, la victoire réside dans le combat, pas dans son issue. Sans perdre mon but, je perds l'illusion de gagner.

– J'aimerais penser cela.

– Tu ne peux pas le penser à vingt-huit ans ! En revanche, quand tu auras dépassé la cinquantaine… Ce qui constitue la beauté d'une bataille, ce n'est ni le succès ni la défaite, c'est la raison de la bataille.

Je me tus pour dissimuler à quel point sa résignation

m'ennuyait. Quel avenir me promettait-il ? Celui d'un rebelle modéré ?

— Il va être dix heures, nous signala Moussa, il faut rejoindre l'expédition.

Gérard grogna. Il aurait désiré accomplir ce voyage rien qu'en ma compagnie, or le réalisme avait dicté ses conditions : dix personnes qui s'étaient inscrites à Paris dans une agence de voyages spécialisée partageraient cette randonnée. Après l'escapade solitaire rendue possible par notre arrivée la veille, nous allions intégrer un groupe, le charter ayant atterri.

Moussa nous ramena à l'hôtel *Hôtel* où nous récupérâmes nos sacs à dos. Une pointe de nostalgie au cœur, j'abandonnai ma chambre qu'auparavant je n'avais guère appréciée ; en fermant le battant, mon cœur se serra. Voilà, je quittais mes repères, le monde construit, celui des abris, des lits solides, des salles de bains avec eau courante, des toilettes recluses, de l'intimité et de la liberté. Durant dix jours, j'appartiendrais à un troupeau, je marcherais sans répit, je mangerais dehors, je déféquerais sur le sol, je me laverais peu et je coucherais à la belle étoile, exposé aux scorpions et autres nuisances sauvages. Tel un nomade.

Nomade, moi ?

Un grelottement de peur me glaça et mes jambes flageolèrent.

Nomade... Pourrais-je le supporter ?

3

« Paul, Anne, Marc, Martine, Thomas, Jean-Pierre, Ségolène, Daniel, Gérard, Éric-Emmanuel. »

Les dix membres du périple venaient d'être appelés par le guide.

Lorsque celui-ci avait bondi sur un rocher pour nous haranguer, j'étais demeuré bouche bée. Franchir des milliers de kilomètres, larguer la civilisation, s'enfoncer au sud de l'Algérie et se retrouver devant un Américain de trente ans nommé Donald, aux cheveux décolorés, longs, bouclés, qui mâchait notre langue en même temps qu'un chewing-gum, quel choc ! Son prénom, sa nationalité, son physique de surfeur, tout me paraissait incorrect.

– Je suis votre chef, il faudra m'obéir. Sinon…

Il désigna un crâne de chèvre qui gisait au milieu de touffes d'herbes.

– … vous finirez comme ça.

Il rit en considérant les os.

Donald se montrait sympathique, mais sympathique de façon professionnelle, habité par une allégresse de commande, distribuant des œillades pétillantes qui ne s'attardaient pas, lançant des traits d'humour dont l'efficacité n'ôtait pas en moi le soupçon qu'ils avaient beaucoup servi.

– Difficile d'être un bon acteur de soi, marmonna Gérard, goguenard.

Aussi enthousiaste qu'appliqué, Donald feignait d'improviser des scènes qu'il rabâchait.

Après des propos accueillants, il nous énonça les consignes de sécurité. Je ne l'écoutais pas, préférant dévisager les autres en train de l'écouter. Entre quarante et soixante ans, mes huit compagnons portaient des vêtements sportifs dépourvus d'ostentation ; leur teint livide, grisaillant, rappelait qu'ils venaient de quitter l'hiver français – février débutait – ; une sorte de soumission hébétée témoignait que, sortant juste de l'avion, ils s'estimaient encore en transit.

À l'issue de règles qui se résumaient à « emboîtez-moi le pas » et « restez rassemblés », Donald nous décrivit notre circuit. Je l'écoutai moins encore. Quand on me détaille un emploi du temps, j'ai le sentiment d'entrer en captivité, de ne respirer que pour remplir les cases et valider le schéma, je cesse d'exister. Pis ! Si on m'annonce comment l'expérience se clôture, je peux y renoncer.

Aujourd'hui, avec le recul, je regrette de n'avoir pas prêté attention aux informations de Donald. La suite du voyage allait établir à quel point il avait raison, à quel point j'avais tort... Une preuve qui faillit me coûter la vie... Mais n'accélérons pas ce récit.

Pendant qu'il énumérait les étapes, je contemplais la savane alentour. À quatre-vingts kilomètres de Tamanrasset, là où les jeeps venaient de nous déposer, des blocs de pierre répartis tous les cinq ou dix mètres créaient un enclos sauvage, troué néanmoins de porches ouvrant sur l'horizon. Des dromadaires paissaient entre les herbes argentées.

Étranges animaux... Lorsque je les avais découverts au zoo de mon enfance, je les avais assimilés à des infirmes. Comparés aux chevaux ou aux ânes, ils accumulent les disgrâces. À la fois maigres et obèses – pattes d'échalas, dos graisseux –, ils paraissent jeunes et vieux avec leurs rides, ainsi que poilus et dégarnis, leur fourrure se limitant à la poitrine et au dos. L'encolure n'a ni force ni allure : on dirait qu'une hache a séparé l'ample thorax du cou incurvé. Leurs jambes étiques s'enflent en genoux calleux puis s'achèvent par des pieds trop larges. Enfin, quoique gigantesques, ils arborent une tête minuscule, aplatie, laide, ahurie, munie de lèvres épaisses, de narines dilatées, en dessous d'orbites saillantes où loge un iris morne ; ils traînent la tronche déformée que fabriquent les objectifs collés aux faciès

– même de loin, les dromadaires ont la gueule d'une photo prise de trop près.

Ici, chez eux, en Afrique, les dromadaires me procuraient une impression différente. Calmes, libres, nantis d'une élégance nonchalante, ils arpentaient le pâturage d'une démarche élastique. Tandis que certains reposaient à l'ombre des acacias, d'autres cueillaient le chardon, écrêtaient les buissons, tendaient le museau jusqu'aux branchages. Précautionneusement, ils se contentaient d'une fleur par-ci, d'une feuille par-là, respectant les végétaux pour que leur vie se perpétue. Silencieux, quasi immobiles, ils devenaient de grandes plantes parmi les arbustes, empreints d'une sérénité végétative, leurs longs cils évoquant des pistils et des étamines qui voileraient un regard débonnaire.

Cinq Algériens apparurent, surgis de je ne sais où, et entreprirent d'attraper les bêtes. Elles marquèrent leur surprise en blatérant.

Je pivotai, choqué, vers Donald. Avant que je ne profère un mot, il expliqua la situation :

– Nos amis vont prendre trois dromadaires, les bâter et leur confier notre nourriture pour les dix jours. Nous avons besoin d'eux. Nous ne trouverons pas de supermarchés en route.

– Certes…

– Ne vous alarmez pas, les animaux sont habitués. Ça se passera bien.

De fait, les dromadaires résistaient peu ; ils s'écartaient avec une hâte lente, comme résignés, puis acceptaient le lasso qui les asservissait. Un seul, mastodonte de couleur fauve, se mit en colère ; agressif, il esquissa une charge en crachant et en montrant les dents.

– Celui-là, on le laisse : il est en rut.

Le mâle fonçait, rebroussait chemin, indécis, tantôt fanfaron, tantôt poltron. Sans le braver, les Algériens amenèrent près de nos jeeps trois spécimens avec une bonne bosse, des pieds en parfait état et leur ordonnèrent de se coucher.

Le premier, caramel, commença par plier les jambes antérieures, puis, presque agenouillé, s'affola soudain, hurla, perdant le contrôle de ses mouvements. Parce que le dresseur persévérait, l'arrière du corps finit par chavirer et le dromadaire posa les rotules au sol ; le cul rejoignant le poitrail à l'horizontale, l'animal, en un soupir, plaqua contre le sable le coussinet qui enveloppait son ventre. Chez les deux autres, il n'y eut pas davantage de continuité dans les gestes, toujours cette alternance d'impétuosité et de retenue, comme si les articulations enflammées refusaient d'assurer leur fonction.

– *Taghlasad !*

Un seigneur drapé de coton bleu nous souhaitait la bienvenue, un radieux sourire aux lèvres.

– *Owyiwan !*

Il entama un monologue animé. Quoique se doutant

qu'aucun Français ne le comprenait, il parlait avec conviction, disert, visage et regard chaleureux. Curieusement, plus il débitait des phrases insaisissables, plus il nous convainquait. Son insistance à nous entretenir manifestait le respect qu'il nous portait. Alors que nous aurions dû l'implorer de s'arrêter, sensibles à sa considération, nous l'encouragions par notre écoute.

Lorsque l'homme se tut, Donald joua les intermédiaires.

– Abayghur est notre guide touareg, un homme du Hoggar, issu d'une famille aristocratique qui sillonne le Sahara depuis des siècles. Je vous signale qu'il ne prononce pas un mot d'anglais, pas un mot de français, ni d'allemand, ni d'italien, ni d'espagnol. Vous arriverez pourtant à converser.

– De quelle façon ?

– Dans le désert, on se devine sans mots. Vous verrez…

Abayghur opina.

– *Alkheir ghas.*

– De toute façon, renchérit Donald, je possède des rudiments de tamashek.

J'éprouvai un coup de foudre immédiat…

Abayghur était beau, élancé, magistralement vêtu de lin indigo, la tête ceinte d'un chèche blanc. Ses traits avaient été dessinés avec précision et distinction par la main inspirée de la nature, profil d'aigle, lèvres nettes, iris perçants, l'ensemble gravé sur une peau d'un brun calciné. Royal de port, il se tenait au centre de notre équipe, pas gêné de capter notre attention.

Mon cœur s'emballa.

Il ne s'agissait ni d'un coup de foudre amoureux, ni d'un coup de foudre amical, mais d'un coup de foudre... comment dire... humain. J'adorai aussitôt la civilisation que cet homme incarnait, j'adorai l'Histoire que sa prestance racontait, j'adorai son insolente tranquillité, le sourire dont il nous régalait, un sourire empreint d'accueil et de sérénité, un sourire qui nous promettait des moments envoûtants.

– Quel âge a-t-il ? demandai-je à Donald.

À cause de son aura hiératique, je ne parvenais pas à déterminer s'il avait vingt-cinq ou quarante-cinq ans.

L'Américain transmit ma question à Abayghur. En réponse, celui-ci tourna sa figure vers moi, ses yeux flamboyèrent, puis il m'envoya une expression cordiale signifiant «merci de t'intéresser à moi». Après quoi, il s'accroupit et affermit l'attache des selles, des vivres.

– Quoi, les Touareg ne communiquent pas leur âge ?

– Jamais, concéda Donald.

– Pourquoi ?

– Soit ils jugent que ça n'a pas d'importance. Soit ils ignorent leur date de naissance. Souvent les deux... De manière générale, leur vie ne s'encombre pas de chiffres.

Je me rendis auprès de mes compatriotes pour mieux

les connaître. Gérard, lui, humait la brise à part, définitivement asocial.

Une certaine nervosité agitait la troupe.

— Je suis anxieuse, s'exclama Martine, une agrégée de mathématiques. On ne sort pas indemne du désert.

— Sûr ! ajouta son mari Marc, le front crispé. On en revient épanoui ou dépressif. Nous l'avons constaté chez nos amis.

— Une telle expédition constitue toujours une expérience forte, répéta-t-elle. Ça me panique. Nous ne serons plus les mêmes dans dix jours.

— Plus les mêmes mais comment…, bougonna Marc en se grattant la nuque. De quel côté tomberons-nous ? Le bon ou le mauvais ?

J'eus envie de le taquiner en lui annonçant qu'il émergerait du désert avec les Tables de la Loi en main. Prudent, je me bornai à murmurer :

— Ce que je redoute serait de ne pas changer.

La bouche pincée, Martine approuva, les larmes à fleur de paupières, tremblotant à l'idée des épreuves qui nous attendaient.

— Moi, c'est l'isolement qui m'épouvante, dit Ségolène, ophtalmologiste à Bordeaux. Pas de relais, pas de téléphone, rien. Imaginez que l'un de nous se blesse ? À combien de centaines de kilomètres se trouve un hôpital digne de ce nom ?

– En cas d'urgence, notre guide est équipé d'une trousse de secours.

– Ah oui ? Il est médecin ? Et si les scorpions nous attaquaient !

– Là, pas besoin de clinique ou de pharmacie, s'écria Marc. Leur venin donne illico la mort.

Ils tressaillirent. La crainte s'incrustait, devenant le ciment du groupe.

Je reculai d'un pas, désireux de fuir ce climat anxiogène. En réalité, j'avais peur de leur peur. D'autant que leur peur était la mienne…

À quelques mètres, Gérard, absorbé dans la mastication de son cure-dent, pointa la tête vers moi et m'indiqua d'un battement de paupières qu'il avait assisté à la conversation. « Comprends-tu maintenant pourquoi je me coupe du troupeau ? » me lança-t-il avec une grimace.

Entre-temps, les Algériens accrochaient au dos des animaux, à l'aide de sangles en cuir, des caisses métalliques, des outres d'eau, des sacs de grains. À peine un ballot était-il fixé qu'ils en ajoutaient un autre. Dément ! Comment ces infortunées créatures allaient-elles supporter ces poids ?

Or, à l'instigation des hommes, les dromadaires se relevèrent en trois secondes. Malgré la charge, se déplier présentait moins de tracas que se plier. Quelle aisance miraculeuse ! À cet instant, ils me semblèrent plus aériens que terrestres.

Les Algériens sautèrent dans les jeeps auprès de nos chauffeurs, et tous agitèrent les mains en signe d'adieu. Les klaxons retentirent, les voitures démarrèrent ; je suivis au lointain leur sillage de poussière, lequel se dissipa avec le bruit des moteurs.

Du haut d'un monticule, Abayghur considérait l'infini. La ligne d'horizon se reflétait dans ses prunelles qu'elle scindait en deux, une moitié de ciel pâle, une moitié de terre sombre. Je n'arrivais pas à deviner les sentiments qui rôdaient derrière ce miroitement. Il se tenait droit, impénétrable, aussi placide et éternel que le monde.

Le silence s'installa, pesant, compact. Voilà, nous étions seuls, pour dix jours, au cœur même du désert.

Aucune échappatoire.

L'aventure commençait.

À quoi allait-elle ressembler ? À un calvaire ou à une extase ?

4

«Quelque part mon vrai visage m'attend.»

J'avançais la nuque basse, mollets et bras contractés, pouces coincés dans ma ceinture, l'œil vissé aux gravats du dénivelé pour éviter la chute. Le sac pesait tant qu'il me déséquilibrait sitôt que mes chevilles vacillaient.

«Quelque part mon vrai visage m'attend.»

Cette pensée cheminait avec moi, lancinante, régulière, à l'unisson de mes pas. Depuis le déjeuner – avalé dare-dare –, nous parcourions un sentier qui sinuait au milieu de blocs endormis et de rochers dressés vers le ciel. Quoique tortueuse, cette piste gardait un caractère naturel, épousant le relief, aménageant les gorges en corridors ; des siècles d'usage l'avaient patinée.

– Les portes du désert ! avait annoncé Donald au départ.

Il nous avait désigné un mont aspergé de roches. À l'instant, je m'étais dit que, cet obstacle franchi, nous déboucherions sur du plat. Pas du tout ! La paroi de roche en cachait une deuxième, à laquelle succédait une nouvelle, encore une autre… Nous traversions un massif dont nous ne viendrions à bout qu'en plusieurs heures. Dégrisé, j'avais modéré ma célérité initiale afin de m'ajuster au tempo. Une sorte de procession ordonnée s'était mise en place : Abayghur et les chameaux nous précédaient, Donald fermait le cortège.

« Quelque part mon vrai visage m'attend. »

Comment cette phrase s'était-elle introduite dans mon cerveau ?

Lors de la collation, Ségolène avait demandé si l'un de nous disposait d'un miroir.

– Je ne compte pas me maquiller, dirent les femmes.

– Je ne compte pas me raser, ajoutèrent les hommes.

À l'ébahissement général, personne ne s'était équipé de cet objet.

– Aucun de nous ne verra sa figure durant dix jours ! avait conclu Ségolène.

Cette perspective lui déplaisait ; moi, elle me ravissait.

Depuis toujours, j'entretiens des relations compliquées avec les miroirs. Si mon enfance les ignora, mon adolescence me planta en face d'eux. Combien de journées avais-je consacrées à me déchiffrer ? Il ne s'agissait pas de narcissisme, plutôt de désarroi. Je ne comprenais pas… Je cherchais en vain le rapport entre cet individu et moi ; il développait son torse, ses épaules, ses cuisses tandis qu'à l'intérieur je ne changeais pas.

Non seulement sa métamorphose adoptait un plan qui se dérobait, mais elle s'accomplissait sans que je l'aie désirée, ni que je la contrôle, ni même que je l'anticipe. Jusqu'où cela irait-il ? Je m'estimais victime d'une fatalité absurde, la croissance. Quel lien entre la chair qui prenait cette forme d'homme et moi ? L'enfant qui disparaissait de mon reflet demeurait en moi ; mieux, il demeurait moi.

Une fois l'évolution achevée, j'admis sans enthousiasme que je passerais mon existence dans ce corps musclé, massif, athlétique surmonté de traits ronds. Pourtant, si je m'étais donné un faciès, il aurait été fin ; et si j'avais choisi mon physique, je l'aurais préféré gracile, à l'image de mes doutes ou de mes interrogations.

À dix-huit ans, je cessai toute relation avec les miroirs, sinon le temps d'un rasage. Lorsque, de façon inopinée, au coin d'une rue ou au fond d'un restaurant, une glace me renvoyait mon apparence, je m'étonnais. Quelle incongruité ! Je me ressemblais si peu…

Aux proches, je ne confiais jamais ce sentiment d'inadéquation car, à l'unique occasion où je m'étais risqué à l'exprimer, la jeune fille avait rétorqué : « Tu ne t'aimes pas ? Qu'importe, moi je t'aime. Et je te trouve beau. » La malheureuse, quelle erreur… je ne souffrais pas de ça. Beau, pas beau, je m'en moquais ! S'aimer, ne pas s'aimer, quelle importance ? J'évoquais un mal antérieur, foncier : je ne me reconnaissais pas ! Chez moi, on ne tombait sur aucune psyché, aucun miroir en pied, juste un petit carreau de verre dans la salle de bains sans fenêtre.

« Quelque part mon vrai visage m'attend. »

La phrase s'était imposée en début d'après-midi. Puis elle m'était revenue. La marche la rendait obsédante. Elle tournait, tournait, tournait.

Que signifiait-elle ?

Je supposais qu'elle illustrait mes soucis : depuis un an, je cherchais ma place dans la vie, ma fonction, mon métier. Cette retraite au désert allait me permettre de progresser. Devais-je continuer mes spéculations philosophiques ? Et lesquelles ? Devais-je plutôt investir l'enseignement ? Devais-je me dédier à l'écriture ? Bref, étais-je un érudit, un penseur, un professeur, un artiste ? Autre chose encore ? Autre chose ou… rien ? Rien peut-être… Dans ce marasme, ne devais-je pas rondement fonder une famille, avoir des enfants, me vouer à leur éducation et leur bonheur ? Cette confusion m'affligeait : j'étais au carrefour de moi-même, pas sur ma route.

« Quelque part mon vrai visage m'attend. »

Aujourd'hui, en rédigeant ce paragraphe, je distingue mieux la question car je possède la réponse qui allait m'être fournie trois jours après… d'une façon bouleversante. Mais n'allons pas trop vite.

– Tiens, de l'armoise.

Thomas désigna des touffes vert bleuté qui jon-
chaient le sol çà et là.

– Ça s'apparente au thym, dis-je en arrachant une
tige couverte de cent petites feuilles argentées.

– Reniflez-la !

Je discernai une odeur agréable, un peu âcre.

À cet instant, en haut du chemin, Abayghur m'aper-
çut et cria :

– *Téharragalé !*

Je lui montrai que je ne saisissais pas. Il répéta, patient :

– *Téharragalé !*

Entre mes dents, je demandai à Thomas :

– Que dit-il ? Qu'il ne faut pas y toucher ? Que c'est
un poison ?

Thomas secoua la tête.

– Sûrement pas. L'armoise n'a rien de toxique. On
lui prête même des qualités médicinales. Antalgique,
antiseptique...

Amusé, Abayghur redescendit, s'approcha de la
plante. Autour de mes pieds, il en récolta une poignée
qu'il glissa au fond de sa poche et se lança dans une
glose en tamashek. Devant mon air abruti, il éclata de
rire, me tapota l'épaule, forma un cercle avec son index.
« Tu comprendras plus tard. »

La cohorte reprit sa cadence de croisière.

– Oh, de l'euphorbe ! C'est bien, c'est bien...

Thomas s'extasiait sur une branche qui jaillissait du sable, affublée de feuilles de chou.

Je m'accroupis.

– Non ! s'exclama-t-il. N'y touchez pas, la sève est corrosive. Les animaux s'en détournent.

En bon animal, je m'écartai.

– Connaissez-vous toutes les plantes ?

– Toutes non, mais beaucoup. J'herborise depuis trente ans, même si ma spécialité reste les volcans.

Thomas, la cinquantaine barbue, enseignait la géologie à l'université de Caen. L'agence parisienne lui avait payé l'excursion pour qu'il transmette son savoir aux voyageurs.

Ils étaient deux dans ce cas : Thomas le géologue et Jean-Pierre l'astronome. Ils avaient la tâche de nous décrire le monde, l'un le jour, l'autre la nuit. J'appréciais cette docte compagnie et me considérais fort chanceux d'en bénéficier.

Chaque heure, nous nous arrêtions et Thomas nous exposait la formation des reliefs, leur évolution, leur érosion. Grâce à lui, le paysage revêtait deux nouvelles dimensions, celle du temps et celle du mouvement. Le savant dotait cet univers silencieux d'une histoire et, sous l'immobilité superficielle du panorama, il décelait des surgissements, des éruptions, des luttes, des coulées, des tensions, des fractures, des victoires, des désagrégations. Fasciné par ses commentaires, j'avais l'impression que nous visitions un champ de bataille après le combat, que blocs, failles, canyons figuraient les soldats morts ou les soldats rescapés.

– Vous vous trompez, me répondit-il lorsque je lui confiai ma sensation. La lutte n'est pas close. Ça bouge encore, ça change toujours, mais à une vitesse imperceptible à l'échelle humaine.

– Ah oui… C'est ce que disait Fontenelle : de mémoire de rose, on n'a jamais vu mourir un jardinier.

Il grimaça en se grattant l'oreille. Comme j'allais le détecter, il ne chérissait ni la poésie, ni les expressions métaphoriques, ni la philosophie. Il voulait savoir. Seulement savoir. Pas imaginer ou rêver, ces activités puériles…

Thomas aimait nommer, placer sur chaque élément l'étiquette que la science lui attribuait. Il recouvrait le monde de mots, il le coiffait d'un dictionnaire. Déjà qu'appeler la *Calotropis procera* « euphorbe » ou l'*Artemisia judaica* « armoise » constituait une concession à notre ignorance, il ne tolérerait pas de compromis supplémentaire. Il exigeait la précision, au point de reprocher parfois à la nature d'en manquer.

– Logiquement nous devrions voir la *Citrullus colocynthis*, la coloquinte du désert. Elle pousse sous les contrebas rocheux. Est-ce trop tôt dans l'année ? À moins que cette plante rampante, là, toute sèche… Oui, c'est ça. Ouf ! C'est bien, c'est bien…

En fait, lors de ce premier voyage en Algérie, il ne découvrait pas, il validait, confrontant le désert conçu avec le désert concret.

– *Rumex vesicarius !* C'est bien, c'est bien...

Il accorda une note correcte à la terre.

Il n'éprouvait pas la justesse de son savoir, mais la justesse du lieu. Il inversait la procédure. Le Sahara passait un examen, pas lui. C'était le Sahara qui comblait le scientifique ou le décevait en n'offrant pas l'herbacée espérée ou la fente géologique souhaitée.

En somme, à la quatrième pause, Monsieur le Professeur était content. Pas de lui, du désert.

– C'est bien, c'est bien...

Il décocha un sourire enchanté à nos guides, Abayghur et Donald, sans doute pour les féliciter de nous avoir fourni un excellent désert, un désert adéquat – le sourire qu'il destinait au personnel laborantin qui préparait ses travaux pratiques à l'université de Caen.

– *Rhalass.*

L'Américain nous traduisit l'exclamation du Touareg :

– Stop. Nous allons établir notre campement ici.

Nous déposâmes nos sacs à terre. Je protestai :

– Le désert, où est-il ?

– Là, juste derrière.

– Tu as déjà dit ça, Donald, objecta Jean-Pierre.

– C'est d'autant plus vrai maintenant. Que ceux qui peuvent encore crapahuter m'accompagnent.

Quatre d'entre nous emboîtèrent le pas à Donald qui, après avoir gravi six monticules et franchi trois étranglements rocheux, s'arrêta sur une crête et désigna le lointain de la main.

– Voici…

Nous nous sommes approchés.

Que compte-t-on voir lorsqu'on regarde un désert ? Rien, si c'est un désert. Voilà exactement ce que nous avions sous les yeux : rien. Une plaine plate et sèche, sans un détail accrocheur, qui finissait par s'évanouir à l'horizon.

– Pourquoi faire halte derrrière ?

– Il vaut mieux dormir entre les rochers. Il y aura moins de vent.

Comme si la nature l'avait entendu, un souffle nous enveloppa, assez hostile, tel un chien qui renifle l'étranger.

– Demi-tour ! Vous allez voir, en cette saison, on bascule d'un coup du jour à la nuit.

Le temps que nous rejoignions l'oued, le ciel s'était éteint et j'arrivai en frissonnant au campement devenu anthracite. La lumière avait emporté la chaleur avec elle. De mon barda, je sortis un pull, puis un plaid dont je me couvris. La nuit s'était déjà infiltrée sous ma peau.

Abayghur, qui avait rassemblé des brindilles, allumait un feu pendant que Donald ouvrait les cantines.

Les membres de l'expédition commencèrent à s'égailler

derrière les rochers. Chacun choisit ensuite l'endroit où installer sa chambre passagère – sac à dos, duvet de couchage. Les débutants épiaient les initiés. De façon prévisible, les couples se collèrent au foyer et les célibataires recherchèrent l'éloignement, plus soucieux d'aventure.

Entre le feu et les rochers environnants, j'optai pour un sol sableux qui avait déjà la forme d'un lit. Je le nettoyai en ôtant épines d'acacia, cailloux, crottes de rongeurs.

Assis là, je rangeai et dérangeai en automate mon paquetage. Mes gestes n'avaient aucun sens, aucun but, ils visaient juste à m'occuper.

J'étais désorienté.

Cette halte m'inquiétait… J'aurais préféré marcher, marcher encore, marcher toujours, marcher jusqu'à l'épuisement. Je n'avais pas envie de réfléchir. Avancer m'aurait donné le sentiment de me rendre quelque part, tandis que m'arrêter me prouvait que je n'étais nulle part.

L'obscurité effaçait tout, les reliefs, les distances, les objets, les humains. La vigueur et l'importance de cette journée s'étiolaient dans un néant provisoire.

J'eus peur. Peur de la nuit. Peur du groupe inconnu. Peur de ce guide américain qui jouait davantage la compétence qu'il ne l'incarnait. Peur de Gérard, dont je savais peu, lequel venait de s'exiler, très haut, très loin, pour souligner qu'il ne voyageait avec nous que par obligation.

Je craignais la soif. Je craignais la faim. Je craignais le harassement. Je craignais la bête sournoise qui m'observerait au cours de mon sommeil. Je craignais le scorpion qui se nicherait au creux de mes chaussures durant la nuit. Je craignais...

Un être me rassurait : Abayghur le Touareg.

Comme s'il l'avait deviné, il leva la tête vers moi, me sourit et me convia à le rejoindre.

Je me glissai auprès de lui devant les flammes. Il m'offrit un thé sucré à la menthe. Mes paumes glacées enrobèrent le verre chaud.

– Merci.

– *Tanemmert*, dit-il doucement.

– *Tanemmert*.

Il acquiesça, content de m'entendre réussir d'emblée.

– *Issem n nek ?*

J'aurais voulu répondre. Désappointé, j'affichai une mine qui le désopila. Attrapant Donald par le coude, il lui dégoisa des phrases.

Donald se pencha vers moi.

– Il te demande comment tu t'appelles.

Je m'adressai à Abayghur.

– Éric.

À son tour, il s'attacha à bien prononcer mon prénom dont j'avais intentionnellement laissé tomber la moitié.

– Érrrrric.

Je ris de la même façon que lui, en enfant, pour me réjouir, pas pour me moquer.

Il tira des plis de sa robe indigo les tiges qu'il avait ramassées, les mit dans une casserole d'eau, puis déposa l'ensemble sur des braises.

– *Téharragalé*, répéta-t-il.

Peut-être le nom de l'armoise en tamashek…

J'aidai les deux hommes à cuisiner. L'angoisse m'avait quitté. Après le premier thé, je me sentis mieux, au deuxième j'étais pompette, au troisième soûl. Des brochettes d'agneau plongèrent mon estomac dans la béatitude et lorsqu'on me présenta des figues en dessert, je ne songeais qu'à m'allonger.

Je ne devais pas être le seul ensuqué puisque les participants convinrent que nous repoussions la séance d'astronomie proposée par Jean-Pierre.

Un à un, les randonneurs se retiraient. Je fis de même.

Par réflexe, j'avais extrait un livre de mon sac afin de bouquiner – mon rituel du soir. J'allumai une torche frontale ; hélas, elle dispensait une lumière anémique qui, au-delà d'un mètre, s'enlisait dans le noir.

Je me forçais… J'étais à bout de concentration, les lignes dansaient sur la page, les phrases ne me parlaient plus. Qu'importe, j'insistai.

M'abandonner au sommeil dans cet environnement menaçant ? Impossible ! Je n'aurais jamais le cran de

lâcher prise. Mes paupières battaient pour me maintenir en éveil.

Soudain une ombre se glissa vers moi. Deux mains
s'approchèrent de mon visage.

Je tressaillis.

Abayghur me faisait face, aveuglé par la torche. Il
battit des cils et m'incita à l'éteindre. Ses fines et longues mains me tendaient un breuvage.

Je posai ma lampe.

L'obscurité s'imposa, réconfortante depuis qu'elle
n'était plus déchirée par l'épée lumineuse.

Abayghur monta le bol jusqu'à mes lèvres, m'encou-
rageant à boire.

J'absorbai la tisane avec docilité. Il resta à mes côtés
tant que je n'eus pas terminé le liquide amer, telle une
mère qui dorlote son enfant.

À la dernière gorgée, il récupéra le bol et murmura
d'une voix rauque :

– *Ar toufat.*

Cette fois-ci, je compris sans hésiter : « À demain,
bonne nuit. »

Fut-ce l'effet de l'armoise ? De l'amitié ? De la fatigue
accumulée ? Je m'endormis aussitôt.

5

L'odeur de l'aube chatouilla mes narines, un parfum de propreté humide.

À l'instant où j'ouvris les paupières, je repris conscience de tout, de moi, du lieu, de notre périple. En réalité, j'eus l'impression d'avoir juste cillé, m'attendant à voir le Touareg devant moi.

Des nues laiteuses surplombaient l'oued. À cette heure, le soleil prenait encore son temps pour produire de l'azur.

Lorsque je me redressai, ma main effleura les galets, lesquels me parurent légèrement embués. Je tâtonnai. Le sable à son tour présentait une surface humectée. Incroyable… Y aurait-il une rosée du désert ?

Nos guides, déjà levés, préparaient une collation pendant que les randonneurs pliaient leurs affaires ; à mon habitude, j'étais le dernier à émerger. Dès que je m'assis, emmailloté dans mon duvet, Gérard me rejoignit, sémillant, les iris pleins de ciel, heureux de respirer cet air.

– As-tu passé une bonne nuit ?

– Je n'ai pas passé de nuit du tout : un trou de deux secondes.

– C'était donc une bonne nuit ! Pareil pour moi… Ce qui ne m'était pas arrivé depuis des années, tu te rends compte ? Oh, gare aux scorpions en remettant tes pompes : ils raffolent des chaussettes moites.

Puis Gérard entama sa déambulation, loin de tous, aussi attiré par la nature que fermé aux hommes.

Je m'emparai d'un bâton et, défiant, j'auscultai minutieusement mes Pataugas, le contenu de ma trousse, les vêtements entassés au sol : ouf, pas de prédateur à signaler, je pouvais m'habiller.

Comme la veille mon jean m'avait tenu chaud, je me contentai d'un short et d'un polo.

En me voyant gagner le réchaud à gaz autour duquel le petit déjeuner s'était improvisé, Abayghur éclata de rire, le doigt pointé sur ma tenue.

– Et alors ! lui dis-je, égayé par son hilarité. Tu n'as jamais vu ça ?

Donald, qui lui-même avait enfilé un bermuda, m'expliqua qu'un Berbère ne se dénude pas.

– Il trouve ça impudique ?

– Il trouve ça inutile. Il estime souffrir moins de la chaleur sous ses épaisseurs de toile ou de coton. Et tu sais quoi ? Il a raison.

Abayghur lui adressa une question que Donald me traduisit.

– Tes jambes musclées l'épatent et il se demande quel est ton métier.

– Professeur de philosophie.

Donald et Abayghur échangèrent quelques mots. Puis l'Américain répliqua :

– Il comprend encore moins la force de tes jambes !

– Mmm, hérédité chargée : mes parents étaient des sportifs de haut niveau, ma mère championne de France au sprint, mon père champion universitaire de boxe.

Intéressé, Donald rapporta les informations aux oreilles d'Abayghur.

Une vive discussion s'engagea entre eux, laquelle se prolongea plusieurs minutes. Quand elle cessa, je m'étonnai :

– Faut-il tant de palabres pour interpréter ce que j'ai dit ?

– Abayghur ne me croyait pas au sujet de ta mère.

– C'est pourtant vrai ! Son record mit vingt ans à être battu !

– Oh, ce n'est pas ça. Il n'imaginait pas qu'une femme puisse pratiquer un sport. Surtout de la course. Il pensait que nous plaisantions.

– A-t-il une si piètre idée des femmes ?

– Il en a une très élevée, au contraire. Chez les Touareg, les femmes détiennent les fonctions nobles, gardiennes des lois, prêtresses de l'écriture, vigiles de la culture. Peu de peuples respectent autant les femmes.

J'approuvai en me rappelant Dassine, une reine de beauté, une princesse de la poésie, découverte lors de mes recherches sur Charles de Foucauld, dont l'intelligence fut aussi légendaire que l'élégance, et qui prêchait l'amour aux tempétueux guerriers.

– « Même l'eau sait nous dire *je t'aime* en posant sur nos lèvres le meilleur des baisers. »

– Pardon ? s'exclama Donald en fronçant les sourcils.

– Rien. Un poème de Dassine qui me revenait…

On ne peut suivre qu'un chemin à la fois.

De même, on ne traverse qu'un seul désert. Celui de ce jour, le premier, nous offrait un baptême. Un sol fendu, enfariné, haineux envers toute plante. Un horizon sans horizon où d'ondoyantes vapeurs troublaient l'infini.

Après que notre convoi se fut ébranlé, la croûte blême chauffa prestement sous nos semelles et nous éblouit en réverbérant les rayons qui la consumaient. Les yeux mi-clos, en larmes derrière mes lunettes de soleil, je tentais de m'acclimater à cet excès de lumière ; il m'arrivait de baisser les paupières durant vingt ou trente mètres, ce qui n'arrangeait pas mon état car la sueur, se mêlant à l'huile antisolaire, m'irritait la cornée. Aveugle, je déambulais dans le feu.

Si je ne voyais pas, j'entendais trop. Le moindre son – respiration, inspiration, tintement des gamelles, crachat de chameau, choc des semelles – m'agressait les oreilles. Lorsque l'un de nous parlait, même loin derrière, je percevais tout, y compris son souffle sous les mots, y compris sa soif sous les formules banales. Le silence de l'immensité donnait aux bruits une présence intense, voire indécente.

Donald nous prévint : à la pause déjeuner, nous serions encore sous le soleil, le soleil de midi, le pire sur cette aire dépourvue d'ombre.

Que répondre à cela ?

Se taire et endurer.

Chaque pas prodiguait une victoire. Chaque effort annonçait une défaite.

Abayghur, lui, progressait sans souffrir. Ses trois dromadaires aussi. À eux quatre, placides, plus lents qu'ils ne l'auraient été sans nous, ils nous démontraient à quel point nous restions étrangers, étrangers au désert, étrangers au climat, étrangers au sauvage dénuement. Je soupçonnais même les dromadaires de hausser les épaules en se gaussant de nous.

Oh, comme j'aurais voulu enjamber la journée ! Vivement le soir… La nuit, qui m'avait tant effrayé la veille, m'attendait, telle une récompense au bout du chemin.

Aux environs de treize heures, du pain, du fromage, du saucisson nous permirent de recouvrer des forces.

Abayghur grignotait des fruits secs. Comment pouvait-il subsister sans se brûler la peau ou la cornée ? Le chèche dont il avait entouré sa figure suffisait-il à le protéger ? Il me semblait fait d'une autre chair que la nôtre. Supérieure…

L'après-midi améliora nos performances, nos corps commençant à s'habituer à la rudesse des conditions. Je parvins à ouvrir les paupières et j'avançai mécaniquement, sans m'y contraindre.

Peu d'idées me passaient par la tête.

Je me le reprochai :

« Tu te trouves enfin dans la meilleure situation pour réfléchir et tu n'en profites pas ! »

Je m'indignais, or mon humeur délétère ne changeait rien : mon crâne se vidait.

« Quelle honte ! Tu viens méditer au désert et rien… »

Si, le matin, ma colère s'était portée sur mon corps impuissant, elle s'attaquait désormais à mon esprit. J'étais tellement déçu par moi-même que ça virait à la rage. Je me haïssais.

– *Rhalass.*

Le convoi s'immobilisa. Autrefois, à une époque que Thomas, notre géologue, essayait de dater, une rivière avait dû couler ici ; il n'en subsistait que des formes estompées, vallonnées, qui allaient nous offrir un campement nocturne.

Les pèlerins se débarrassèrent de leurs sacs sans ménagement, éreintés. Donald nous distribua des sodas.

Sitôt arrivé, Abayghur, lui, avait allumé un feu de camp. Je pensais qu'il allait servir le thé – les trois tasses rituelles – mais, concentré, il s'était lavé méticuleusement les mains et avait versé de la farine et de l'eau dans une écuelle. Donald m'adressa un clin d'œil.

– Il va faire du pain.

– Pardon ? Comment pourrait-il faire du pain ici, sans four ?

– Regarde, il va en bâtir un.

Quand Abayghur eut pétri le mélange jusqu'à ce qu'une pâte compacte, élastique, glissât entre ses doigts, il lui donna la forme d'une galette.

Revenant au foyer, il creusa un espace au milieu du sable et le lissa avec le socle de sa cuvette.

À l'aide de brindilles enflammées, il brûla lestement la surface de la pâte.

– Ainsi, le sable ne s'y accrochera pas, me souffla Donald.

Il déposa sa préparation au fond du trou, la recouvrit de sable, puis y appliqua des braises.

En chantonnant, il laissa cuire sa galette quinze minutes puis recreusa pour la retourner. Il patienta de nouveau quinze minutes, et exhiba un pain solide et croustillant.

Une gerbe d'herbes en guise de plumeau, il épousseta la croûte.

Je l'observais, fasciné. La tranquillité avec laquelle il exécutait sa recette m'apportait un réconfort. Si la journée m'avait rudoyé, si j'avais constamment lancé des couteaux contre moi-même, voici que l'ordre humain, les gestes ancestraux, le souci de nourrir les autres me faisaient rallier une apaisante solidarité.

Au fur et à mesure qu'Abayghur progressait dans l'élaboration du pain, j'avais cessé de me torturer, de me poignarder de mille questions et d'autant de blâmes : j'étais devenu un spectateur subjugué.

Maintenant, il rinçait son pain à l'eau.

La voiture rouge…

Un souvenir remontait du passé. La voiture rouge…

Le souvenir ne se pressait pas. Il venait de loin. Il gagnait peu à peu mon esprit, il s'y installait en douceur, il allait bientôt se livrer tout entier.

La voiture rouge…

Je me revis ce jour-là, près de mon père, assis dans mon bolide, une voiture carmin à pédales que j'avais reçue à Noël, quelques mois plus tôt. Je descendais l'étroite pente qui conduisait à notre immeuble, *La Tarentaise*, sur la colline de Sainte-Foy-lès-Lyon. Quel âge avais-je ? Quatre ans et demi… Cinq ans… Je moulinais mes pédales pour persuader mon père qu'il côtoyait un champion de formule 1 mais mon acharnement ne parvenait qu'à égaler sa foulée de promeneur.

Ce jour-là avait été un éblouissement.

Au creux du sentier bordé de courts arbustes, j'eus soudain l'intuition que la lumière changeait. Un rideau s'était levé en procurant une autre teneur au panorama. Je retins ma respiration et écarquillai les yeux. À mes pieds s'étendait la ville de Lyon, ses toits cerise et corail, les aiguilles des clochers, les cheminées industrielles fumantes, le fleuve qui serpentait, puis, au loin, les contreforts montagneux d'un vert soutenu, les sommets poudrés de neige, monumentaux et magiques.

Je sentis très fort à ma gauche la présence irradiante de mon père. Pourtant, ma tête n'arrivait qu'à ses genoux, contre son pantalon de velours côtelé ; je devais tordre la nuque pour distinguer son torse, moulé par un polo beige, et, plus haut encore, son menton où courait une fine barbe. Il avançait, clos dans ses pensées.

« Je suis là. »

L'évidence d'une révélation me frappa : j'étais là, au sein de cet univers, auprès de mon père ! Oui, ma surprise consistait à découvrir que je vivais.

« Je m'appelle Éric-Emmanuel, je suis le fils de Paul Schmitt, et j'existe. »

Fier, ivre de joie, ému, je venais de naître. Non pas naître au monde, mais naître à moi-même. J'aspirais l'air du printemps qui me gonflait les poumons d'une façon inédite. Mon sang chatouillait chaque parcelle de ma peau.

Quelle félicité ! C'était mon premier jour. Mon premier jour de vie consciente. Quittant le flou embryonnaire de la petite enfance, je me situais enfin comme un humain au milieu du monde. Auparavant, j'avais brouillonné, pataugé dans l'obscur, j'avais vécu sans m'en rendre compte ; ce matin-là, mon histoire commençait.

« Je m'appelle Éric-Emmanuel, je suis le fils de Paul Schmitt, et j'existe. »

Mon « je » cessait d'appartenir à la grammaire, je me l'appropriais, un point de vue doublé d'un contenu. De clandestin, je passais à voyageur déclaré, lucide.

« Il faudra que je me rappelle ce moment-là », m'étais-je juré.

Or ce souvenir avait sombré pendant deux décennies ; les mains d'Abayghur qui flattaient son pain chaud l'avaient arraché à l'oubli.

Avais-je régressé depuis ce ravissement à l'âge de cinq ans ? En tout cas, j'avais souvent vécu sans m'en apercevoir, confondant la suractivité et le bonheur d'être. Oui, je m'étais davantage agité que réjoui. Je m'étais encombré de problèmes en négligeant de savourer un simple trésor, vivre.

Abayghur brisait sa galette en morceaux qu'il jetait dans un bouillon de légumes.

– *Taguella*, me dit-il en désignant le plat.

Je le contemplai avec reconnaissance ; ses doigts industrieux m'avaient ramené à l'essentiel : l'étonnement joyeux.

Sur terre, ce ne sont pas les occasions de s'émerveiller qui manquent, mais les émerveillés.

6

Quoique plat, le désert nous élevait jusqu'aux cieux.

Les étoiles scintillaient, si proches que j'aurais pu les cueillir. À portée de main, pendaient de grosses pommes éclatantes dont le Hoggar composait le verger.

La nuit, le Sahara prend un air de fête. Alors qu'il nous inflige l'ascèse sous le soleil, il devient riche, profus, généreux, oriental, offrant une débauche de bijoux fournis par le plus fou des joailliers, colliers, broches, tiares de diamants, chaînes d'or et bracelets d'étincelles ; des milliers d'étoiles garnissent l'écrin de velours bistre et la lune d'argent souveraine, telle une reine de bal, envoie sa clarté impérieuse alentour.

Nous nous étions écartés du feu afin d'habituer nos pupilles à la lueur des sphères. La terre lugubre broyait les plaines, les dunes et les rochers dans un même creuset cendreux.

Au milieu des pèlerins sanglés de plaids, Jean-Pierre, debout, nous donnait une leçon d'astronomie.

Appartenant à l'observatoire de Toulouse, enseignant à l'université, il vibrait, ému de professer dans cette extravagante salle de classe. Pour la première fois de sa vie, il pouvait désigner l'astre du coin de l'œil ou tracer du doigt sur le tableau du ciel les lignes qui formaient une constellation ; jamais Orion, la Petite Ourse ou la Grande Ourse n'avaient eu cette consistance ni cette contiguïté.

Ici, en l'absence de toute pollution lumineuse due à la civilisation, le cosmos livrait ses splendeurs. Sa contemplation m'aurait suffi… Avais-je besoin de nommer pour admirer ? De dénombrer ? Or, en effervescence depuis la veille, le physicien piaffait de dispenser son savoir.

À la différence du jour qui borne le ciel à l'azur, la nuit n'a pas de limites. Elle nous révèle des réalités tapies à des millions de kilomètres ; elle nous montre également des réalités disparues, les étoiles mortes, dont la traîne lumineuse nous atteint.

En nous décrivant le cosmos, Jean-Pierre nous confrontait à deux infinis, celui du temps et celui de l'espace.

J'ai toujours eu du mal à capter l'infini. Si j'arrive à le penser, j'échoue à me le représenter. Philosophiquement, une définition claire s'affiche : «Ce qui n'a pas de bornes» ; mathématiquement aussi : «Ce dont le nombre d'éléments est plus grand que tout nombre choisi» ;

en revanche, mon imagination bafouille. Sitôt que des figures surviennent dans mon esprit, elles sont concrètes : je vois une borne après une borne, pas l'infini ; je visualise un nombre et lui rajoute une unité, je n'aperçois pas le nombre infini. Bref, tandis que ma raison excelle à l'abstraction, mes sens se cabrent devant l'obstacle.

Sous le ciel, je m'astreignais à construire d'autres étoiles derrière les étoiles, d'autres voies lactées au-delà de la nôtre, repoussant les frontières... Je n'y parvenais pas. Mon cerveau ne m'envoyait qu'un fond noir piqué de perles que ma fantaisie traversait, multipliait, retraversait, sans toucher l'absolu.

En verve, Jean-Pierre, notre astronome, comme notre géologue Thomas, soulevait le voile des apparences et nous narrait le passé secret du panorama céleste.

– Évoquons la prime enfance de l'univers.

Il soupira d'aise.

– Il y a quatorze milliards d'années, l'univers se trouvait dans un état de densité maximale : des milliards de milliards de milliards de tonnes pour une goutte. Lorsqu'il a explosé – « Big Bang », expression qui donne son nom à la théorie –, la matière s'est dispersée et l'univers s'est étendu. Depuis, il continue son expansion. L'observation indique que les galaxies s'éloignent de nous à une vitesse proportionnelle à la distance qui nous sépare d'elles. On peut juger cette expansion comme infinie... Si l'on remonte le temps, l'univers était exigu, plus chaud, très dense. Au début, l'énergie était constituée de rayonnement, puis la densité de ce rayonnement a baissé au point de devenir inférieure à celle de la matière. La matière a alors prédominé dans l'univers, et les forces gravitationnelles ont pris le dessus sur les forces électro-magnétiques. Dix milliards d'années après, les galaxies résultent de ces évolutions. Nous aussi, nous incarnons une conséquence de ces variations. Nous ne sommes que de la poussière d'étoiles.

Mes compagnons de voyage, la bouche ouverte, les yeux fixes, approuvaient, convaincus. Un à un, ils se levaient et rejoignaient le télescope.

Assez rapidement, je me mis à rêver… Les muettes étoiles ont toujours rendu les hommes bavards. J'aurais eu envie d'élaborer non pas l'histoire des étoiles, mais l'histoire de leurs histoires. Comme elle était disparate ! Oh, je ne reculais pas, moi, de quatorze milliards d'an-nées, je me contentais de bondir de siècle en siècle. Si Jean-Pierre nous peignait aujourd'hui l'univers selon Hubble, un siècle plus tôt, un savant l'aurait raconté selon Newton, trois siècles avant selon Galilée, et selon Ptolémée au cours du Moyen Âge et de l'Antiquité ; jadis, un poète, un sorcier ou un prêtre auraient déployé leur récit. Depuis que les humains se réunissent dans la nuit mystérieuse, les discours prolifèrent. Comme ils ne supportent pas l'ignorance, les hommes créent des savoirs. Ils inventent des mythes, ils inventent des dieux, ils inventent un dieu, ils inventent des sciences. Les dieux changent, se succèdent, meurent, les modèles cosmologiques également, et ne persiste qu'une ambition, celle d'expliquer.

Ma méditation m'avait tellement absorbé que j'avais manqué mon tour au télescope. Le professeur d'université remarqua ma réserve.

– Vous n'êtes pas d'accord avec moi, monsieur le philosophe ?

– Si, c'est une belle spéculation que celle du Big Bang. Ça reste pourtant une hypothèse… Qui sera abandonnée… Comme celles qui l'ont précédée… À chaque ère sa légende.

– Pardon ? J'énonce la vérité scientifique.

– À toute époque, à quelques pas du feu, l'orateur du désert croit détenir la vérité. Et ses contemporains autour de lui partagent cette conviction.

– Vous mettez ma théorie en doute ?

– Le temps s'en chargera. Ce soir, vous nous apportez le dernier cri de la science ; cependant, vous le savez aussi bien que moi, votre thèse sera dépassée. La vérité demeure inaccessible, il n'y a que des vérités provisoires, des tentatives de vérité. Au fond, votre théorie expose la façon moderne d'habiter l'ignorance.

– L'ignorance ? répéta-t-il en s'étouffant.

– C'est émouvant, non ? murmurai-je.

Un silence pénible accueillit notre échange d'idées.

Mon intervention agaçait ! De ma critique relativiste, l'équipe ne retenait que l'outrecuidante provocation ; j'avais voulu être humble en nous remettant – lui, nous, moi – à l'échelle millénaire de l'humanité, or je paraissais prétentieux.

– Vous méprisez la science ? poursuivit-il, virulent.

– Pas du tout ! Je la considère avec attention et respect, comme je considère avec attention et respect les mythes et les religions.

En argumentant, j'aggravais mon cas. Mettre la science au niveau d'autres fictions, irrationnelles celles-là, scandalisait l'assemblée. Je flairai une hostilité croissante et fis diversion par une question :

– Pourriez-vous, Jean-Pierre, me préciser la théorie des trous noirs ? Je la saisis mal.

Jean-Pierre battit des cils, satisfait que je rentre dans le rang des élèves et que je lui restitue le trône de l'expert. Il improvisa *ex abrupto* une conférence brillante.

La musique des concepts scientifiques avait repris son rythme apaisant. Chacun souriait. On oubliait mon esclandre.

Sans mesurer la violence de mon sacrilège, j'avais interrompu un rituel sacré, le rituel de l'explication. Les hommes, confrontés à des phénomènes bizarres – le ciel, la lune, les saisons, la naissance, la mort –, exigent d'entrevoir une architecture invisible sous le monde visible. L'esprit, qui appréhende l'inconnu autant que le corps craint le vide, fabule en permanence pour détruire le sentiment d'isolement ou d'impuissance. Proposer vaut mieux qu'ignorer. Même bancale, une élucidation l'emporte sur son absence. Le besoin de comprendre ne se résume pas à un appétit de rationalité, c'est le besoin de se rassurer en identifiant les ténèbres, en mettant de l'ordre dans le chaos. Au fond, tous les éclaircissements renvoient à une origine : la peur de ne pas en avoir.

– Pourquoi ?

La question avait jailli. Une voix de femme l'avait prononcée. Elle recommença.

– Pourquoi ?

Ségolène insistait. Des regards étonnés lui montraient pourtant à quel point son intervention consternait.

– Vous évoquez le *comment*, pas le *pourquoi*. Pourquoi l'univers existe-t-il ? Pourquoi l'énergie a-t-elle engagé un mouvement qui a conduit jusqu'à la vie ? D'une simple explosion, on a abouti au système solaire ou à des êtres complexes comme les animaux que nous sommes : pourquoi ?

– *Pourquoi* n'est pas scientifique.

– Vous voulez dire qu'un savant ne se demande jamais *pourquoi* ?

– Je veux dire qu'un savant sait qu'il ne peut pas répondre scientifiquement au *pourquoi*. Il se limite au *comment*.

– *Pourquoi* est la question la plus intéressante.

– Vraiment ? Une question qui n'obtiendra pas de réponse reste-t-elle intéressante ? Permettez-moi, Ségolène, de penser le contraire. Et vous, monsieur le philosophe ?

Il avait articulé « philosophe » comme il aurait dit « mage, astrologue, charlatan », plein d'une morgue positiviste. Je rétorquai :

– Je n'aime que les questions qui n'obtiennent pas de réponse.

– Ah oui ?

– Oui. Elles développent ma curiosité et mon humilité. Pas vous ?

Il saisit que, s'il ajoutait un mot, j'attaquerais. Le dialogue s'arrêta là.

Ségolène me considéra. Friands de littérature, nous avions déjà entamé des discussions chaleureuses.

– Vois-tu la nature sans t'interroger sur la direction qu'elle prend ? Son sens ? Moi, devant tant de prodiges, je ne peux m'empêcher d'envisager qu'il y a un plan, un dessein intelligent. Le cosmos et la vie attestent l'existence d'un esprit supérieur.

– Dieu ?

– Dieu. Pas toi ?

Je baissai les paupières. J'avais horreur qu'on aborde frontalement ces points et je ne désirais pas livrer mon intimité en public.

Ségolène se cramponnait à l'objectif qu'elle s'était donné :

– Pas toi ?

– Dieu n'est présent en moi que sous la forme de sa question.

Une heure plus tard, je m'étais exilé du dortoir.

Aux braises qui rougeoyaient encore, je repérai le campement, ne le lâchai pas des yeux en le gardant comme point de référence ; je n'avais pas l'intention de me perdre, j'avais juste envie de silence et de méditation entre le sable et les étoiles.

Des frissons me parcouraient. Mes dents claquaient. Je m'accroupis entre deux rochers pour me protéger du vent naissant.

Le froid augmentait à mesure qu'on entrait dans cette nuit de février. Lourd, les articulations douloureuses, je regrettais d'appartenir à la terre morose, j'aurais souhaité voler vers les étoiles.

Un souvenir me revenait…

J'avais cinq ans. Mon père avait fermé volets et rideaux dans notre appartement de Sainte-Foy-lès-Lyon afin de produire un noir total. Avec des mines de magicien exécutant son numéro, il avait transformé le salon en théâtre. J'en frémissais de plaisir. Empoignant une lampe torche, il l'avait dirigée vers la mappemonde, une sphère en bois peint montée sur un pied d'acier qui ornait d'ordinaire la chambre de ma sœur.

— Sais-tu pourquoi le jour et la nuit se succèdent ?

Je secouai la tête.

Il tint la lampe à distance du globe.

— Voici le Soleil, voici la Terre. La Terre tourne sur elle-même en vingt-quatre heures, le Soleil lui ne bouge pas. Où sommes-nous ?

Je désignai le confetti rose qui figurait la France.

— Exact. Quand notre pays se trouve face au Soleil, c'est le jour.

Le faisceau lumineux n'éclairait que ce flanc du globe.

— Puis…

Il commença à faire pivoter la boule.

— Si la Terre vire, elle emmène cette face-là dans l'ombre.

Il stoppa lorsque le confetti rose atteignit le côté.

— Voici donc le crépuscule.

Puis il ouvrit grands les yeux, comme s'il allait réaliser un exploit de prestidigitation.

— Et maintenant voici la nuit !

Il acheva son mouvement : désormais, on ne voyait plus le confetti rose, dos à la torche soleil.

— Tu comprends ?

— Oui.

— As-tu des questions ?

— Une.

– Laquelle ?

– Où est Dieu dans tout ça ?

Le visage de mon père se contracta. Une sorte de vide envahit ses prunelles. Il semblait déçu, dégoûté. Il se gratta le crâne et finit par confesser d'une voix lasse :

– Dieu n'est nulle part. Moi, je ne le vois pas.

Il ralluma. La lumière, apportant ses couleurs, opéra une diversion.

Mon père ébaucha un sourire, esquissa un baiser et partit se coucher sans piper mot, les épaules basses.

Pourquoi tant de peine ? À l'époque, j'avais eu l'impression d'avoir fauté, d'avoir proféré une remarque idiote, bref d'avoir gâché son numéro. Aujourd'hui, j'interprète son abattement d'une façon différente. Sans doute mon père souffrait-il de son athéisme, d'autant qu'il était le fils d'une mère croyante et adorée dont il aurait rêvé de partager la foi… Sans doute aurait-il aussi voulu, en père prodigue, annoncer à son enfant que Dieu existait… La bonne nouvelle… Une grâce qu'il ne pouvait transmettre…

Une ombre se faufila entre mes pieds… Je sautai sur le rocher. Une vipère ! Une vipère à cornes…

Mon cœur battit d'affolement. Ma respiration se bloqua.

Je m'efforçai de m'apaiser en songeant que, d'après mes renseignements, les serpents dormaient la nuit.

Alors une araignée ? Ou un rongeur ? Et si j'avais quand même réveillé un reptile…

Je regardai le désert sombre autour de moi.

« Où est Dieu dans tout ça ? »

Moi non plus, je ne le voyais pas…

7

Abayghur priait, tourné vers l'est.

Entre le ciel blanc et la terre craquelée s'ouvrait un vide sans obstacle, tel un immense porte-voix : rien n'empêcherait ses vœux d'atteindre La Mecque.

Discret, le Touareg s'était isolé. Sous le soleil naissant, agenouillé sur un étroit tapis, il me semblait minuscule et colossal. En se prosternant, il reconnaissait humblement l'imperfection de sa nature, certes, mais il sommait Dieu de lui prêter attention. Quel orgueil, non ?

Pendant que je pliais mon sac de couchage, je m'interrogeai… Qu'est-ce qui importait dans une prière, dire ou se faire écouter ?

Quelques marcheurs remarquèrent l'absence d'Abayghur. Dès que Donald désigna la pieuse silhouette au loin, chacun prit un air complice et vaqua de bon cœur à ses occupations, rassuré.

– Ils sont contents. Ça les réjouit qu'un musulman s'acquitte de ses obligations religieuses au cœur du

Sahara. Folklore local. C'était promis sur la brochure. Bravo l'agence ! Merci...

Ségolène m'avait rejoint. Pour moi, seulement pour moi, elle poursuivit sa diatribe d'une voix tranchante :

— En revanche, s'ils me surprenaient en train de prier, ils seraient déconfits. Pis : je leur ferais honte !

Je la considérai longuement. Oserais-je lui déclarer que, vingt minutes plus tôt, lorsqu'elle avait rallié le cercle du petit déjeuner, l'astronome avait glissé à l'oreille du géologue : « Tiens, voilà la catho ! » ? Un gloussement avait complété la réflexion, plein d'une supériorité dédaigneuse. Lâche, j'avais enfoncé ma tête dans les épaules, jouant à l'endormi qui n'avait pas entendu.

Ségolène insista :

— J'exagère ?

— Non, tu as raison. En Europe, les intellectuels tolèrent la foi mais la méprisent. La religion passe pour une résurgence du passé. Croire, c'est rester archaïque ; nier, c'est devenir moderne.

— Quel amalgame !... Comme si le progrès consistait à ne pas s'agenouiller.

— Un préjugé chasse l'autre. Jadis, les gens croyaient parce qu'on les y incitait ; aujourd'hui, ils doutent pour le même motif. Dans les deux cas, ils s'imaginent penser alors qu'ils répètent, qu'ils mâchouillent des opinions, des doctrines de masse, des convictions qui ne seraient peut-être pas les leurs s'ils réfléchissaient.

Elle sourit, soulagée que nous nous comprenions.

– Je me sens si souvent ridicule en témoignant de mon christianisme ! Ridicule ou stupide... Je vois une niaise dans les yeux de mes interlocuteurs.

Elle pouffa volontairement.

– Enfin, je ne vais pas me plaindre ! L'humiliation se limite au sarcasme. J'évite le martyre. On ne me jettera pas aux lions, on ne me clouera pas sur une poutre !

– Qui sait ? marmonnai-je.

Elle me dévisagea. Je la laissai m'étudier, m'absorbant, moi, dans la contemplation d'Abayghur.

– As-tu la foi ?

– Non.

– L'as-tu eue ?

– Jamais.

– Souhaites-tu l'avoir ?

Je pivotai, oscillant entre une réponse authentique et une réplique qui mettrait fin à cette discussion. Ségolène attendait avec une telle candeur que je choisis la sincérité.

– Oui et non. Oui, parce que j'aurais moins peur ainsi. Non, parce que ce serait trop facile.

– Trop facile ?

– Trop facile.

Abayghur s'aplatit au point de disparaître. En abaissant son corps au sol, son âme toucherait-elle plus vite le ciel ?

Ségolène, à son habitude, n'abandonnait pas la controverse.

– Tu te trompes. Il n'est pas facile de croire ! Ni d'agir au niveau de ce qu'exige la révélation ! En recevant la foi, tu récupères davantage de devoirs que de privilèges.

– Ce n'est pas ce que je voulais dire.

– De quoi as-tu peur ? Et de quoi aurais-tu moins peur si tu avais la foi ?

– Parlons-en quand je serai réveillé… Franchement, une dispute métaphysique à sept heures du matin, ça dépasse mes capacités.

Maternelle, elle m'effleura la figure.

– Excuse-moi.

Je frémis… Une sensation venait de me déconcerter : lorsque sa paume m'avait caressé, je n'avais pas reconnu ma joue. Un coup de râpe. Un bruit sec. À mon tour, je palpai mes mâchoires : des poils durs, courts, rebelles freinèrent mes doigts. La barbe poussait. Détestable impression ! À quoi pouvais-je ressembler ?

Abayghur s'était levé. Son sejjada roulé sous l'aisselle, il revenait au camp en nous envoyant des saluts.

Les deux scientifiques se précipitèrent, leurs cartes en main, afin de l'interroger sur le parcours.

Ségolène me faussait compagnie, je la retins par l'épaule. Une idée me transperça.

– Pose-toi la question : pourquoi toi, la chrétienne, tu les embêtes davantage que lui, le musulman ?

Elle stoppa, réfléchit.

– Ils détestent le christianisme, pas l'islam ?

– Selon moi, ils ignorent les deux.

Jean-Pierre, Thomas et Abayghur se congratulaient, égayés par je ne sais quoi. Leur familiarité m'exaspérait et j'annonçai :

– Au mépris du fidèle s'ajoute le mépris du sauvage.

– Pardon ?

– Abayghur peut pratiquer n'importe quel culte, ce sera toujours assez bien pour lui ! Voilà ce qu'ils pensent, nos esprits positifs ! Pourquoi éclairer l'indigène ? À quoi bon le déraciner en lui offrant l'athéisme ? Qu'y gagnerait-il dans cet environnement hostile ? En réalité, ils jugent normal qu'un Africain prie mais incommodant qu'un Européen le fasse parce qu'ils estiment l'Européen supérieur à l'Africain.

– Tu es sévère !

Devant moi, le trio riait aux éclats.

L'avouerai-je ? Je détestais l'hilarité qui liait Abayghur et les deux savants ; la jalousie m'avait mené à cette formulation cruelle tant je désirais que le Touareg rejette ces individus et ne fraternise qu'avec moi. L'intérêt que je portais à l'homme bleu était plus pur que le leur, ne le voyait-il pas ?

Donald sonna le rassemblement.

Négligeant les professeurs, Abayghur libéra les dromadaires dont il avait entravé les membres la veille au soir.

Le convoi débuta son trajet.

Du bivouac s'échappait une colonnette de fumée, dernier vestige de notre séjour.

Nous marchions dans l'intention de rejoindre un point d'eau. Cette perspective illuminait le visage d'Abayghur, lequel, en bon nomade, n'organisait les déplacements qu'en fonction de deux nécessités, les pâturages pour les dromadaires, l'eau pour les hommes. Certes, des jerricans et des sacs de grains permettaient de temporiser ; pourtant l'itinéraire devait préserver sa sagesse ancestrale. En essayant de reconstituer notre périple sur leurs plans, Thomas et Jean-Pierre venaient de comprendre cette logique : ici, on n'utilisait pas le chemin le plus bref d'un point à l'autre, à cause du relief et de l'aridité.

Le Touareg, à son habitude, se taisait durant la procession.

De temps en temps, il pirouettait et, un sourire aux lèvres, me demandait comment j'allais.

Charmé de sa sollicitude, je lui répondais à chaque fois « Bien ! » en brandissant un pouce vainqueur. Il riait.

Aurais-je dû lui confier que ce matin-là je peinais ? Il l'avait perçu, semblait-il. Comment ? Benjamin du groupe, je ne traînais pas, et, quoique ralenti, je caracolais devant.

La chaleur montait. Mon pas s'alourdissait. Des coulées de sueur inondaient mon dos. Un mouchoir imbibé d'eau de Cologne échouait à me rafraîchir les tempes. Mes cuisses tremblaient sous la tension de mes muscles. Marcher virait au supplice.

Accablé, je me concentrais sur les pattes fluettes du dromadaire qui me précédait, ces pieds sans sabots, vigoureux et flexibles. Je ne pensais plus, je ne regardais rien, j'avançais.

Alors que pour moi, dans cet univers minéral, le même succédait continuellement au même, Abayghur, lui, savait lire le désert. Le sable lui parlait : des empreintes racontaient les expéditions antérieures ; des crottes, sèches ou moins sèches, dataient le passage des caravanes ; et soudain, des traces fines, nombreuses, ondulantes, signalaient que des gazelles avaient couru jusqu'ici.

Nous vîmes des reliefs rocheux.

– De l'ombre, enfin ! marmottai-je en contraignant mes membres à maintenir une cadence efficace.

Des herbes pointaient entre les gros blocs, comme des poils sous les aisselles de la montagne.

Pourquoi les jambes ne cheminent-elles pas à la vitesse des yeux ? Ce massif se distinguait de plus en plus clairement mais reculait en proportion inverse de nos efforts ; il nous fallut ahaner longtemps avant de l'aborder.

– *Rhalass !*

À l'unisson de mes compagnons, je lâchai mon paquetage, fourbu. Abayghur interpella l'Américain.

Donald traduisit à mon intention :

– Garde ton sac. Abayghur voudrait nous montrer quelque chose.

Entre le soulagement de m'arrêter et le plaisir d'une faveur, je préférai le second, rechargeai mes épaules, et, en nage, talonnai les deux guides.

Nous escaladâmes des rochers, empruntâmes un chemin encaissé puis Abayghur se figea. Un mètre en contrebas, il nous désignait une source d'eau qui reposait, transparente, lisse, onctueuse, cernée de galets jaunes.

Il sourit à la nappe vivante, profonde, cristalline, comme s'il retrouvait une amie et, attendri, s'accroupit au-dessus d'elle. Puis il m'incita à approcher. Pour conjurer toute maladresse, je me délestai du sac et gagnai la berge.

Nous trempâmes nos mains.

L'eau coulait entre nos doigts, précieuse, telle de la poudre d'or. Chaque goutte représentait un miracle. Lentement, Abayghur se pencha, rassembla ses paumes en coupe et but. Heureux, il m'engagea à l'imiter, ainsi que Donald, en nous vantant la qualité du liquide.

Je m'abreuvai avec une sorte de respect sacré, le sentiment de m'initier à un mystère, la boisson, cet incommensurable cadeau.

Une fois désaltéré, j'entrevis à la surface le reflet de mon visage et celui d'Abayghur. Moins gêné par l'image que par l'homme, j'en profitai pour détailler ses traits nets, ses sourcils intelligents, ses iris au bleu-vert aquatique.

Il se redressa, fougueux, prit mon sac et le souleva. Par sa gestuelle, il me signifia qu'il le jugeait trop lourd.

– Abayghur s'interroge, dit Donald. Pourquoi ton sac pèse-t-il tant ? Il parie qu'il contient des objets inutiles.

Vexé, je protestai :

– Pas du tout ! Il n'y a que le nécessaire... Qu'il vérifie !

Donald fit un clin d'œil à Abayghur.

Le Touareg délaça délicatement les nœuds qui fermaient le sac, agrandit l'ouverture, puis, avec un grondement de réprobation, en sortit une pierre.

– Mais...

La stupeur étouffa mon cri. Je ne comprenais pas...

Abayghur sortit une deuxième pierre, puis une troisième, puis une quatrième.

Je demeurai bouche bée.

Devant ma grimace, Abayghur et Donald s'esclaffèrent.

Frétillant, Abayghur confessa que, le matin, il avait caché ces pierres dans mes affaires en allant prier !

Conquis par sa joie, j'éclatai de rire, ce qui redoubla son euphorie.

Puis il entama une tirade touffue, dont il ne terminait pas les phrases, secoué de hoquets.

Donald me rapporta l'essentiel. Abayghur avait voulu s'assurer que monsieur le philosophe se révélait bien l'homme le plus distrait qu'il ait jamais rencontré – on se moque de ma formidable étourderie depuis ma naissance – et il tenait aussi à ce que je conserve les jambes musclées de ma mère, la championne de France.

Son fou rire repartit.

Pendant cet épisode débridé, je décelai la jeunesse d'Abayghur, l'intimidant seigneur du désert. Vingt-quatre ou vingt-cinq ans… D'autant qu'en buvant, il avait décalé son chèche, me permettant d'apercevoir ses longs cheveux noirs nattés et le grain serré de sa nuque.

Il me donna encore de légers coups de poing sur la poitrine, m'indiqua que je l'avais tant diverti que nous étions amis désormais, et nous retournâmes au camp. Nous remplirions gourdes et bidons à l'issue du déjeuner.

L'après-midi, nous laissâmes derrière nous le massif et traversâmes un désert à l'aspect nouveau – sol coriace grêlé de cailloux ronds tombés du ciel. Quelques excroissances çà et là, comme d'infimes volcans usés, n'en rompaient pas la monotonie.

Soudain, Abayghur s'agita.

– Que se passe-t-il ? dit Donald.

Abayghur se mordit les lèvres, examina les environs, presque oppressé. À notre tour, nous entreprîmes de discerner ce qui l'inquiétait. En vain ! Le désert restait nu.

D'une voix qu'il s'ingénia à maîtriser mais qui trahissait son anxiété, Abayghur nous implora de stopper.

Sans l'affirmer, je craignis qu'il ait repéré des pilleurs de caravanes, voire des ennemis prêts à kidnapper ou tuer des étrangers.

Alerté, Donald exigea de connaître la cause de son émoi.

Abayghur, taciturne, se contenta de saisir un sac de toile sur le premier dromadaire puis s'esquiva derrière un monticule.

Cinq minutes après, il revint, habillé d'une robe noire dont le tissu raffiné dessinait des motifs en sa trame.

– Oh, oh, tranquillisons-nous, s'exclama Donald, voilà son costume de fête !

Abayghur rangea ses anciens vêtements dans la besace qu'il raccrocha au dromadaire. Il nous ignorait superbement.

– Pourquoi fait-il ça ? glissai-je.

– Pourquoi ? répéta Donald. Mieux vaut ne pas lui demander. Je sens qu'il me tuerait si je m'y risquais. Son attitude indique qu'il ne supportera ni question ni commentaire.

Abayghur ordonna au dromadaire de s'agenouiller,

ils s'exécutèrent de mauvaise grâce en blatérant. Solidaires, ses deux collègues firent de même.

L'animal à terre, Abayghur s'assit sur la selle puis, en pressant ses jambes à l'encolure, lui commanda de se relever.

Altier, magnifique, impérial, Abayghur trônait à trois mètres au-dessus du sol. Lui qui d'ordinaire, pour nous encourager, nous indiquait la direction en souriant, il reprit la route avec détachement. Pas un mot ni un regard à notre endroit. Il avançait, menton tendu vers l'horizon. Un autre homme...

Dociles, nous nous plaçâmes dans son sillage, ignorant quelle idée justifiait son comportement.

Nous n'allions pas tarder à l'apprendre.

Au détour d'un tumulus, annoncé par une symphonie de clochettes, apparut un tableau étonnant : une bergère gardait son troupeau de chèvres.

Tout était petit et charmant dans cette scène pastorale. Pas plus grande qu'une enfant malgré ses vingt ans, assise au milieu de ses bêtes, la jeune fille baissa ses yeux allongés par le khôl en nous voyant. Ses cils drus ombraient une peau de pêche. Son joli minois aux lèvres nacrées, encadré de lourdes nattes ébène, avait une rondeur et une douceur exceptionnelles. À ses pieds, des chèvres miniatures, hautes de trente centimètres, les pattes courtes, le museau étroit, s'apparentaient à des jouets davantage qu'à des mammifères ruminants.

Quand elles béguetèrent en découvrant leurs gencives d'un rose opalin, leurs cris me désemparèrent tant leur chevrotement aigu, chétif, rappelait le timbre serré des sonnettes qui équipent les bicyclettes ; en fait, les biquettes ne bêlaient pas, elles couinaient.

Abayghur se redressa sur sa monture et passa droit, l'attitude farouche, le regard braqué vers l'infini, sans considérer la bergère.

De son côté, elle s'abîma dans un dessin qu'elle traçait au sol avec une brindille.

Quel spectacle ! Alors que le désert étendait des kilomètres de solitude alentour, le Touareg et la Touareg se snobaient.

Cependant, on ne voyait que cela, qu'ils feignaient de ne pas se voir. Ces deux-là veillaient tellement à s'ignorer qu'ils se plaisaient, à l'évidence ! Chacun le suggérait à l'autre mais s'abstenait de prendre les devants.

Donald et moi réprimions une envie de rire.

Lorsque nous quittâmes la bergère et son troupeau, Abayghur maintint son train sénatorial deux kilomètres encore, puis décida d'une pause. Sautant du chameau, il s'éclipsa derrière un rocher, puis revint, habillé à son ordinaire, comme si rien n'avait eu lieu.

Sur lui, quelque chose de crâne, de mordant nous mettait en garde : « pas de commentaires ».

Nous nous en dispensâmes.

Abayghur préparait le thé, les yeux perdus dans le

ravissement. La brève rencontre se prolongeait bien au-delà de l'instant, elle nourrissait en lui des sentiments profonds qui l'amenaient à soupirer avec délices.

En le fixant, j'entendais les poèmes du Sahara se croiser en mon esprit, ces phrases du nomade qui parle à sa fiancée lointaine : « Tu es plus belle qu'un dattier chargé de fruits sucrés, plus touchante qu'une promesse de pluie, plus rayonnante que les cristaux de glace au cœur de l'hiver. Tous les hommes t'admirent. Tu es ma rose du Hoggar, la lune blanche, la fille de l'étoile, l'incomparable, l'unique, ma montagne rose, mon amphore brune. Tu es la fille bleue. »

Quel poignant tête-à-tête ! Après m'avoir amusé, la scène m'émut. À l'évidence, Abayghur le pudique courtisait cette beauté. Au train où il menait son intrigue, il lui faudrait des mois pour arriver au premier mot, un an pour risquer un baiser, et deux ans pour un mariage en règle ! Si par la suite il continuait à arpenter le désert en ne retrouvant son épouse que de temps en temps, leur histoire durerait.

Force de la lenteur... Il m'apparut qu'Abayghur connaîtrait le grand amour.

Moi, au contraire, j'avais tout fait frénétiquement. Désirer autant qu'aimer. Quinze mois auparavant, je m'étais séparé de celle auprès de qui j'avais vécu sept années et, afin de tromper l'ennui, je m'étais jeté dans des bras inconnus. Multipliant les aventures, je m'abonnais aux relations dénuées d'engagement ou de conséquences. Mon cœur ne battait pour personne. Je n'attendais rien. Aucun visage n'habitait le ciel quand je le contemplais.

Une fois encore, Abayghur le patient, Abayghur le rêveur, Abayghur l'alangui me semblait plus sage que moi.

Un à un, le désert pointait mes défauts.

8

– Pourquoi la nature aurait-elle accouché d'un poisson si elle n'avait pas inventé l'eau ?

Ségolène cheminait à mes côtés durant les dernières heures de marche qui nous amenaient au bivouac. Devant nous tremblait l'horizon surchauffé. Je m'essuyai le front et clignai des paupières.

– Pardon ?

L'interrogation m'avait tant surpris que, soucieux de la saisir, je ralentis. Une mouche en profita pour se poser sur mon bras. Ségolène répéta distinctement :

– Pourquoi la nature aurait-elle accouché d'un poisson si elle n'avait pas inventé l'eau ?

Je chassai la mouche, désemparé. Ségolène grommela, m'incita à reprendre le tempo, puis s'exprima d'une façon mesurée, surarticulée, comme si j'étais un enfant sourd :

– La nature a créé les êtres vivants, tout le monde s'accorde sur ce point. Pourquoi, cependant, les a-t-elle fabriqués questionneurs, avides de rationalité, constructeurs de savoirs, empreints de moralité ? Ces qualités visent-elles à nous intégrer à l'environnement ou à nous en exclure ? D'ordinaire, la nature ne fait rien d'inutile. En écoutant notre géologue comme notre physicien, j'admire toujours davantage son efficacité économe. « Peu de science éloigne de Dieu ; beaucoup de science en rapproche. » Si la nature confectionne des poissons, c'est parce qu'elle a bricolé l'eau avant. Donc...

– Donc ?

– Si elle élabore des animaux rationnels comme nous, c'est qu'il y a du sens dans l'univers que nous devons percevoir. Donc...

– Donc ?

– Nous ne sommes pas un accident du hasard, nous ne venons pas de ricochets d'atomes. Au contraire, nous sommes le résultat d'un plan, d'une intention intelligente. Donc...

– Donc ?

– Donc Dieu existe.

Soulagé, je me retrouvais en territoire connu. Philosophe de profession, je savais brasser ces énigmes et leurs multiples réponses. Peut-être, à vingt ans, n'étais-je « entré en philosophie » – comme on « entre en religion » – que pour affirmer ma réflexion sur ce problème.

La mouche se mouvait entre mes cuisses, comme attirée. Je souris et répondis à Ségolène :

– Je vois ce que tu évoques : une polémique concernant le droit d'auteur. L'homme crée-t-il du sens ou un autre créateur, Dieu, le précède-t-il ? L'intelligence que l'homme traque dans l'univers vient-elle de lui ? Ou bien serait-elle générée par Dieu ? Selon les penseurs d'aujourd'hui, l'homme, esseulé, sans référent, unique producteur de raison, s'instaure « gardien du sens » au milieu d'un monde absurde.

– L'homme serait un poisson projeté dans un cosmos sans eau ?

– Si tu veux…

– Alors il crève !

Je me tus, trop conscient de son à-propos. Oui, les contemporains font agoniser l'homme. En lui attribuant le mérite de l'intelligence, ils le flattent mais le condamnent à une solitude radicale. L'homme devient l'exception : il pense dans un espace qui ne pense pas, s'émeut dans un décor apathique, piste le juste et l'injuste dans un chaos amoral. Il se fait enfermer à l'extérieur ! Sans évasion possible ! Cette poussière d'étoile que serait l'homme se révèle une erreur douloureuse.

Vibrante, vibrionnante, la mouche se posait sur les parties dénudées de mon corps, bras, jambes, cou, visage, s'évertuant à sucer la transpiration salée de ma peau. Elle m'enquiquinait.

Ségolène insista :

– L'ordre et l'intelligence du cosmos ne fournissent-ils pas un gage de Dieu ?

– C'est une démonstration classique en philosophie. Voltaire disait : « L'univers m'embarrasse, et je ne puis songer que cette horloge existe et n'ait pas d'horloger. » À l'évidence, si je rencontre une montre sur ce sentier, je m'expliquerai sa réalité par le travail d'un artisan ; je ne raconterai pas que le hasard l'a produite. De même, derrière la vie, ses lois, la complexité croissante, j'aurai tendance, par analogie, à supposer un grand artisan à l'œuvre. Et, puisque l'homme s'avère pensant, moral, spirituel, il me semblera cohérent d'imaginer à son origine un Dieu pensant, moral, spirituel, au lieu d'un fracas de molécules ou d'un agrégat aléatoire de cellules.

– Ah, tu es d'accord…

– Non, pas une seconde ! D'abord une analogie ne constitue pas une preuve. Ensuite, il peut y avoir de l'ordre sans intention : la sélection naturelle de Darwin enseigne que les espèces adaptées survivent, les inadaptées meurent, bref, que la nature s'auto-organise. Enfin, la notion même de finalité me demeure suspecte car relevant d'une pure projection subjective : comment garantir que l'homme serait le but de l'univers ? L'univers a-t-il d'ailleurs un but ?

– Quoi ? Pas de finalité ? Prends un œil, par exemple,

cette structure accomplie. Vas-tu soutenir qu'il n'a pas été conçu pour voir ?

Je me rappelai que Ségolène exerçait comme ophtalmologue.

– Exactement ! Je constate qu'il voit ; cependant je ne certifie pas qu'il a été conçu pour voir.

– Ah oui ? C'est par hasard que la rétine comprend cinq millions de cônes et cent vingt millions de bâtonnets qui captent les signaux lumineux et les transforment en signaux électrochimiques ? C'est par hasard que les deux lentilles, la cornée et le cristallin, se placent à une juste distance de la rétine afin d'y concentrer les rayons lumineux ? C'est par hasard que le globe oculaire porte ces systèmes et les protège grâce à une substance aqueuse ? C'est par hasard que de multiples petits muscles font bouger l'ensemble ? C'est par hasard que deux organes identiques se sont érigés côte à côte, nous permettant la vision en relief ? C'est par hasard que ces deux nerfs optiques sont reliés à une zone du cerveau ? C'est par hasard que notre crâne possède des neurones aptes à traiter ces pulsations nerveuses ? Hasard ! Il me paraît plus ardu de croire au hasard qu'à Dieu. Remplacer un être suprême par le sort, les contingences, les coïncidences, les probabilités, cela implique une foi aveugle ! En fait, tu as attrapé la superstition du hasard.

– Il se pourrait que j'aie tort mais cela n'implique pas que tu aies raison.

– Dieu reste la meilleure explication plausible de l'univers.

– Écoute les mots que tu emploies : «meilleure explication plausible». Tu admets qu'il y en a d'autres. S'il y a plusieurs possibilités, il n'y a pas de nécessité. Rien ne s'impose.

Un silence s'établit. Nous parcourûmes cent mètres en réfléchissant. Le soleil était dur comme du silex.

– Et puis, ajoutai-je, lorsque je vois les ratages de la création, tsunamis, tempêtes, tremblements de terre, espèces anéanties, infirmités diverses affectant les vivants, virus mortels ou bactéries tueuses, je me dis que Dieu, comme artisan, n'est pas un maître mais un apprenti. Que d'essais infructueux ! Combien de catastrophes naturelles ? Regarde le relief : ce sable que le soleil brûle fut le fond d'un océan, les oueds découlent de rivières aujourd'hui taries, les parois rocheuses émanent de l'activité volcanique, les failles procèdent du choc des plaques continentales… Que de brouillons pour un si piètre aboutissement ! – le désert ne relève en rien du chef-d'œuvre puisqu'on ne peut y séjourner.

La mouche m'abandonna et cibla Ségolène. Celle-ci s'inquiétait de ma tirade.

– Pourtant, j'ai entendu dire que les philosophes avaient apporté des preuves de Dieu.

– En dehors de celle que je viens de combattre – la preuve par la finalité –, il y en a trois.

– Ah, quand même !

– Quatre, quarante ou quatre mille, peu importe, Ségolène ! Leur nombre indique qu'aucune ne suffit.

– Quelles sont-elles, ces preuves ?

– La preuve par le consensus universel : en tout siècle, en tout lieu, les hommes ont cru en des dieux.

– Exact. Ça ne te trouble pas ?

– En tout siècle, en tout lieu jusqu'à une date récente, les hommes ont aussi cru que le Soleil tournait autour de la Terre. Il y a des illusions partagées. Et des sottises populaires. La quantité ne fait pas la vérité.

– Quelle autre preuve ?

– La preuve cosmologique : pour mettre le monde en mouvement, il faut une cause initiale, Dieu. Selon ce syllogisme, en remontant de cause en cause, on régresse à l'infini de manière aberrante, sauf si l'on s'arrête à une cause originelle qui, elle, n'en a pas. Seul Dieu, omnipotent, omniscient, hors de l'espace et du temps, peut accoucher de l'univers, pas le néant.

– Et ça ne te convainc pas ?

– L'allégation boite car, en se vantant d'appliquer le principe de causalité, elle en sort : elle recourt à une transcendance, à une cause sans cause, hors du monde. De surcroît, je remets en question ce principe de causalité : suffit-il ? Avec lui, je n'arriverai jamais à savoir ce qui est premier, de l'œuf ou de la poule.

– Et la dernière ?

Je lâchai un petit ricanement.

– La preuve ontologique : Dieu a, par définition, toutes les qualités, donc forcément l'existence. Dire « Dieu n'existe pas » est une contradiction. Dire « Dieu existe » est un truisme.

Elle grimaça, vaincue d'avance.

– Et ?

– On ne saurait passer du domaine des idées au domaine du réel. On confond deux ordres, celui de la pensée, celui de la réalité. L'existence se prouve par l'expérience, non par le concept ou la déduction. Ce qui prospère dans mon esprit ne vit pas nécessairement en dehors de mon esprit. Dieu reste un postulat, un rêve, une envie, un fantasme… Attention à ne pas prendre son désir pour une réalité.

Ségolène me regarda, peinée. Vingt ans supplémentaires alourdissaient son visage. Sans pitié, je conclus :

– Les spéculations que j'ai citées sont réfutables. Avec ses seules forces, la raison humaine n'arrive pas à s'assurer de Dieu. Ces prétendues « preuves » ne sont que des arguments en faveur de Dieu. Rien ne démontre son existence.

– Rien ne la dénie non plus.

J'admis ce point d'un hochement de tête. Puis précisai :

– C'est à celui qui affirme de fournir la preuve. Si je

prétends qu'il y a des centaures, je dois étayer mon dossier.

– Celui qui ne veut pas croire déterre toujours des motifs.

– Celui qui veut croire aussi !

Ségolène releva le front, planta ses yeux dans les miens et déclara, catégorique :

– L'absence de preuves n'apporte pas la preuve de l'absence.

Des cailloux épars, des fissures, des ravinements annonçaient un oued. Quelques flèches de pierre, au loin, confirmaient que nous entrions dans le Hoggar.

Devant nous, Abayghur s'immobilisa. D'un ample geste du bras, il désigna un creux de rocs et de sable pour notre campement.

Je renouai avec Ségolène.

– Tu as raison. Zéro partout. Dieu n'est présent que sous la forme de sa question. Chaque homme se demande ou s'est demandé si Dieu existe ; et chacun répond à sa guise. Le doute sur Dieu, voilà le minimum syndical de la réalité divine !

Elle sourit en sortant sa gourde, but longuement, lentement, l'eau qu'elle avait puisée à la source. Je m'assis en faisant de même.

Après avoir essuyé ses lèvres, elle recouvra des couleurs et sembla rassérénée.

– Cette question de Dieu qui nous habite tous, dit-elle,

constitue davantage qu'une question : c'est une suscitation, c'est un appel. On ne peut chercher que ce que l'on sait devoir être cherché. « Tu ne me chercherais pas si tu ne m'avais déjà trouvé ! »

Elle se leva, m'adressa un gentil signe d'adieu et alla se choisir un emplacement dans le sable, sereine.

Le soir inondait d'ocre le sol.

« Tu ne me chercherais pas si tu ne m'avais déjà trouvé. »

Je me retins de répliquer, histoire de ne pas l'accabler.

Où était-il, ce Dieu ? Il restait indiscernable à partir de sa prétendue création. La nature ne parle ni de lui ni pour lui. Je n'avais sous les yeux qu'un univers visible dont l'auteur demeurait invisible.

Peu à peu, le ciel et la terre s'enchevêtraient, gagnés par la pénombre. Les contours des montagnes s'étiraient à l'infini, leurs reliefs, leurs pointes et leurs saillies s'émoussant.

Non, décidément, Dieu n'était pas là.

Si Dieu avait voulu que je le connaisse, il s'y serait pris autrement, non ?

L'homme cherche Dieu. Ce qui m'aurait ébranlé aurait été que Dieu cherche l'homme, que Dieu me poursuive…

Or cela, je ne l'avais jamais vu…

Au contraire de ce qu'insinuait Ségolène, je n'étais pas en quête de Dieu.

Je me dressai sur mes pieds et fixai les alentours en ressentant leur immense vacuité.

– Et s'il me cherche, qu'il me trouve ! terminai-je à voix haute, en défiant les montagnes.

À cet instant, comment aurais-je pu imaginer que Dieu m'entendait et qu'il me répondrait quelques jours plus tard ?

9

Le sommeil ne venait pas.

Mes compagnons reposaient. La montagne se taisait. Calmes, indifférentes, les étoiles vissées aux ténèbres avaient suspendu le temps.

Sans bras, sans jambes, emmitouflé dans mon sac de couchage telle une chrysalide dans son cocon, je me tournais et me retournais. La sueur de mon crâne trempait l'oreiller de mousse à même le sable.

À ma gauche, des nez lançaient des ronflements furtifs.

Oh, comme je les haïssais de dormir ! À moins que je ne me détestasse de veiller… Il y avait de la colère en moi, du dépit, de l'inquiétude.

« Comment marcherai-je demain si je ne récupère pas ? »

Mes insomnies avaient pourtant cessé, des mois plus tôt…

Je souris à la lune.

Quel merveilleux souvenir, cette guérison : vingt ans de nuits blanches s'étaient éclipsés en un éclair !

Depuis l'âge de onze ans, je peinais gravement à m'assoupir. Même épuisé, le corps moulu par une fête, un match de rugby, une randonnée à vélo, je gardais les yeux ouverts. Fussé-je couché dès vingt-deux heures, j'attendais encore le sommeil à deux heures du matin. Contrairement à ce que j'avais espéré, ma vie amoureuse n'avait pas résolu le problème. Si la joie, l'excitation, les langueurs successives puis l'orgasme pouvaient me procurer un extrême bien-être, je restais néanmoins éveillé, enlacé à l'autre, entendant sa respiration s'assourdir, se ralentir, prendre sa vitesse de nuit, dans une étreinte qui me paraissait d'abord exquise puis interminable – un trop long délice vire au supplice. À force de patienter en vain, je m'étais accoutumé à me glisser hors des draps, avec circonspection pour aller, nu, m'installer à une table afin de lire, d'écrire ou d'écouter de la musique.

Je ne sais si les insomnies m'affaiblissaient mais leur systématisme m'empoisonnait. Jamais je ne me réjouissais de considérer la journée achevée, encore moins de me jeter sur un lit. Ce qui ravit tant d'humains – tirer les rideaux, bâiller, ronronner, s'enrouler dans la couette, tapoter les plumes du traversin, embrasser l'amoureuse en lui souhaitant une bonne nuit – m'annonçait un calvaire. J'avais essayé les remèdes de grand-mère – compter les moutons, réciter des poèmes, ressusciter des souvenirs plaisants, me doucher à l'eau froide, boire du lait, de la bière, des tisanes – en pure perte ! Et lorsque je m'étais risqué à acheter des somnifères en pharmacie, ils n'avaient réussi qu'à m'endormir la journée du lendemain, pas la nuit.

Un ami m'avait suggéré : «Rappelle-toi le moment où tes difficultés de sommeil ont commencé, puis cherche autour de cet événement : tu décèleras la cause.» Je lui avais obéi.

Mes insomnies avaient débuté à la mort de mon grand-père, l'homme que j'ai le plus aimé durant mon enfance, un colosse doux, sage, drôle, qui passait ses journées penché au-dessus de son établi où il sertissait des bijoux. Ses paroles demeuraient rares, toujours riches de sens. Comme ses silences... Tout avait un juste poids chez lui. Depuis l'âge de seize ans, il besognait parmi ses limes, sa cire, ses diamants, ses lingots d'or, son fer à souder et ses pinces. Par son activité soutenue, il avait offert une belle vie à sa femme, une éducation à ses filles, possédait une plantureuse voiture américaine dont il se servait peu et avait acquis une maison de campagne où il se rendait deux semaines, l'été. Il travaillait continûment. Je ne l'ai vu s'interrompre que pour s'amuser avec nous, ses petits-enfants, ou encore avec les animaux qu'amenaient parfois ses clients. Là, celui qui incarnait le sérieux responsable quittait son siège, se cachait, inventait des jeux, fomentait des surprises, courait à quatre pattes, riait à en rouler par terre. Un accident cardiaque l'avait emporté à cinquante-neuf ans.

Pendant quelque temps, sur les conseils de mon ami, j'avais donc analysé les images qui gravitaient autour de ce drame. Un matin, alors que j'entrais dans la cabine de douche, une formule m'avait transpercé : « Ton grand-père s'est endormi pour toujours. » Je compris aussitôt que j'avais passé vingt ans prisonnier de cette sentence… Voici comme on m'avait annoncé son trépas : « Ton grand-père s'est endormi pour toujours. » Dormir équivalait à mourir ! S'endormir, c'était risquer de ne jamais se réveiller… Quel adulte m'avait glissé cette calamiteuse périphrase en croyant bien faire ? Qu'importe, il ne s'était pas douté qu'il me condamnait à des décennies de nuits sans fermer l'œil.

Dès que j'eus pris conscience de cette parole initiale et fatale, je fus soulagé, tel un ciel lavé par la pluie. Le soir, je m'étais assoupi paisiblement. Le lendemain aussi. Guéri ! Depuis, j'avais même découvert la délectation des somnolences.

Or, cette nuit-là, au cœur du Sahara, malgré la lassitude occasionnée par la chaleur, la randonnée, malgré le riz compact qui avait engourdi nos estomacs, je ne trouvais pas le chemin de la léthargie.

Un danger me guettait. Je flairais une menace sourde… Oui, un agresseur inconnu, tapi dans l'ombre, attendait de se jeter sur moi.

Grelottant, je m'assis d'un coup.

Le froissement du tissu synthétique avait occasionné

un vacarme terrible. Tout le monde allait se réveiller. Et chasser l'ennemi…

Après trente secondes, je conclus, à l'immobilité des corps, aux ronflements persévérants, que je n'avais dérangé personne.

Je fixai l'espace qui m'entourait. Rien ne bougeait sur le sol incolore, ni vipère, ni scorpion, ni rongeur. Aucun sauvage, un couteau entre les dents, ne pointait derrière un rocher. Mon imagination avait créé le péril.

Quelque chose, cependant, me perturbait…

Je sortis les bras de mon duvet pour me revigorer.

Au-dessus de moi, le ciel triomphait. Splendide, souverain, parsemé d'astres scintillants, il affichait une autre humeur que la mienne. Il s'était coupé de moi. Je demeurais un moustique inutile qui s'agitait au fond d'un trou sablonneux.

Je perçus l'aspirante montée du dépaysement qui me happait. Ses ondes d'étrangeté m'envahissaient, m'arrachant au confort ordinaire. Autour de moi, rien ne m'était familier : j'avais abandonné mon toit ; mon quotidien avait fondu, ses rituels aussi ; les massifs assombris perdaient leurs contours ; les objets usuels – canif, sac, lampes, livres – ne servaient à rien ; mes repères s'étaient écroulés, y compris les plus récents. L'insolite s'imposait. Je me sentais nu. Exilé. Fragile. Seul. Sans recours.

Comment pourrais-je apprivoiser l'inconnu ? Le ramener au banal ?

Une étoile filante glissa devant Orion. L'affolement s'accéléra. Mes tempes cuisaient. À quelle distance ce phénomène se produisait-il ? Une distance qui me dépassait… Une distance qui me rendait petit, lamentable. J'étais englouti dans un coin de l'univers, un monde en expansion permanente, un cosmos de quatorze milliards d'années qui subsisterait au-delà de moi. Même ce que je voyais, qui me paraissait énorme, s'avérait minuscule : les planètes dissimulaient des planètes, les galaxies s'ajoutaient aux galaxies, des milliards de systèmes occupaient l'infini inaccessible. Je gisais, poussière au milieu de l'immense, futile poussière de matière, négligeable poussière de temps.

Mon cœur sauta dans ma poitrine. Je l'entendis taper à la porte de mon thorax. Il voulait fuir…

Qui suis-je ? Une chandelle qui veille au sein des ténèbres et que le vent éteindra. Dérisoire ! Pour l'instant, je peux crier « J'existe » mais mon affirmation s'enrobe de terreur car, hurlerais-je, mobiliserais-je en moi une fougue démentielle, je n'existerais pas toujours. Je ne suis qu'une seconde entre deux éternités, l'éternité d'avant moi, l'éternité d'après moi. Je ne suis qu'un bout de vie entre deux néants, le néant qui m'a précédé, le néant qui me succédera. Et si l'éternité me laisse tranquille, les deux néants, eux, me grignotent. Dire « Je suis », c'est dire « Je ne serai plus ». Vivant n'a qu'un vrai synonyme : mortel. Ma grandeur devient mon indigence, ma force mon imperfection. Et la fierté se mêle à l'effroi.

Qui m'a mis ici, sur ce caillou rond ? Dans quel but ? Et pourquoi si brièvement ?

Je ne suis pas rien, plutôt presque rien. Un « presque », voilà ma condition. Presque un être. Presque un néant. Ni l'un ni l'autre, mais une angoisse hybride.

L'univers déploie sa puissance sous mes yeux. Alors qu'il pourrait m'émerveiller, il m'écrase. Je suis cloué à vif. J'ai le vertige. Face à lui, je m'amenuise. Je suis ; pourtant je suis promis à n'être rien. Je ne fais que passer. Mon existence se révèle finie, inscrite entre deux événements absurdes, ma naissance et ma mort. Une séparation m'attend, brutale, irrémédiable : séparation d'avec le monde, séparation d'avec mes proches, séparation d'avec moi. Rupture. Je n'ai qu'une certitude, celle de tout perdre.

Une voix, au fond de moi, ricane : « Réjouis-toi ! Ta crainte de mourir constitue la preuve constante que tu es en vie ! Tant que tu penses que tu ne seras rien, tu es encore. En revanche, lorsque tu ne le penseras plus… »

La mort, je n'arrive pas à l'imaginer. L'écroulement ? Le noir ? Le silence ? Trop concrets… Le vide ? Il faut du plein pour saisir le vide. L'arrêt du temps ? Qu'est-ce que le temps quand il n'est pas vécu ?… Je l'ignore. Penser le rien, c'est ne rien penser. Aucune représentation ne se propose car pour se représenter quelque chose, on doit rester une conscience. Or je n'en serai plus une.

Me voici en nage. L'angoisse me retire du monde. Pourquoi cette vie limitée et cette mort infinie ? Des bouffées de panique secouent mon corps. Ma langue s'assèche. Mon cœur bat à se rompre. Je vais hurler.

– Érrric ?

Je sursautai.

La silhouette bleue d'Abayghur se dressait sur ma gauche.

Sa main toucha délicatement mon épaule.

Qu'avait-il perçu de mon trouble ? Sans paraître le remarquer, il me fit signe de le suivre. Je m'extirpai, heureux, de mon sac.

Nous parcourûmes vingt mètres jusqu'à une zone broussailleuse où il avait refusé que nous nous installions. Là, il stoppa et me montra du doigt un relief dans le sable.

Je mis une minute à acclimater mes prunelles à l'obscurité puis je discernai la vipère à cornes qui digérait un lézard qu'elle avait englouti ; hors de sa gueule pendaient les pattes arrière et la queue, déjà rigides.

À voix basse, Abayghur me fit comprendre que les serpents pullulaient à cause de la flaque qui attirait leurs proies, rongeurs et scorpions.

Un crissement lui donna raison. Une vipère ricocha pour rejoindre un abri pierreux, se déplaçant par bonds latéraux et laissant des empreintes en forme de S sur le sable. Non loin de nous, Abayghur me désigna encore une tête triangulaire aux pupilles verticales.

Je frissonnai.

Nous étions couchés auprès d'un nid de reptiles. Quoique non létal, leur venin pouvait nécroser des organes, détruire des pans de peau, corrompre le système nerveux.

– Que faire ? chuchotai-je.

Selon les prédictions de Donald, le Touareg et moi parvenions à communiquer sans langue commune.

Il me répondit que, lorsque le soleil pointerait, les serpents jailliraient pour boire la rosée sur les corps. L'aube apporterait une insécurité maximale.

Aussi sortit-il un sachet de sa gibecière. Il l'ouvrit et me donna une poudre à flairer. Du soufre.

En quatre gestes, il m'expliqua que nous devions dessiner une ligne de protection autour des dormeurs afin de repousser les prédateurs.

Avec lenteur, en scrutant bien où nous posions nos pieds nus, en guettant les remuements des reptiles, nous commençâmes à bâtir cette originale fortification plate.

Plusieurs fois, des craquements m'alarmèrent, de fugaces remous dans les bosquets m'épouvantèrent.

Comme c'était bon de redouter simplement un adversaire ! J'identifiais le danger. Abayghur m'avait délivré du pur effroi sans cause. Il devait savoir, l'homme du désert, que la peur masque l'angoisse en lui donnant un objet précis.

10

Depuis deux jours, nous avancions dans l'Atakor, région la plus haute, la plus déchiquetée du Hoggar.

Aux éblouissements horizontaux succédaient les éblouissements verticaux. À chaque instant surgissaient de nouvelles cimes, d'autres pierriers, d'autres ravins.

Sous un soleil mordant, nous traversions l'atelier où avait travaillé la nature lorsqu'elle était jeune, colérique et sauvage. Sa puissance avait soulevé les roches primaires du sable puis craché de la lave par millions de tonnes. S'emparant de cette matière surchauffée, elle s'était épanchée partout, s'essayant aux pics, aux tours, aux crêts, aux plis, aux mamelons, aux érections, aux cônes, aux arcs, aux béances, aux fissures, aux pitons, aux capuchons. Survoltée, elle s'était enivrée de tester son talent, parfois brillante, parfois maladroite, toujours inventive.

À l'époque, il n'y avait pas d'hommes pour louer son travail ; elle les créa après. Cependant, on aurait dit qu'elle se désintéressait désormais de ses œuvres, le chantier semblait abandonné. L'érosion de l'eau, du vent, des siècles voilait les sculptures gargantuesques, leur ôtait leur vigueur menaçante en les floutant.

Aujourd'hui, le désordre commençait à dominer. Des roches se desquamaient des parois. Des monceaux d'éboulis brisaient les lignes. D'énormes blocs entravaient les sentiers. Le chef-d'œuvre tombait en ruine.

De temps en temps, le chaos s'atténuait, laissant apercevoir une arête pure, la rondeur d'un sommet, la courbe svelte d'un chemin mais, le plus souvent, il nous fallait obvier, enjamber, grimper.

Entre ces débauches de saillies et de proéminences, les longs plateaux nous épuisaient, surchauffés, dépourvus d'arbres et d'ombre, ennemis de la vie.

Nous rejoignions ensuite les falaises tubulaires, leurs murs creusés d'alvéoles, leurs faces rongées de caries.

Thomas, le géologue, frôlait l'extase. On aurait dit un amateur d'art lâché dans le musée du Vatican… Infatigable, il trottait à droite, à gauche, se penchait, ramassait, commentait, qualifiait, analysait, comparait. Mieux, il devenait cristallier : si la prudence l'avait retenu, les premiers jours, de se charger davantage, le chasseur de minéraux ne résistait plus au plaisir de rapporter divers quartz.

Lorsque son sac s'alourdissait, nous ne manquions pas, Abayghur et moi, d'échanger un clin d'œil, voire d'éclater de rire : la farce que le Touareg m'avait faite en truffant mon bagage de cailloux, Thomas se l'infligeait volontairement.

Il nous passionnait néanmoins pour ce qu'il découvrait, les trachytes raboteuses aux teintes ardoise, jaunes, même rosées, et surtout des pierres singulières, qui résonnaient comme si elles étaient évidées, les phonolites, chaudronnées, verdâtres, voire blanchâtres quand exposées longtemps à l'air.

Au crépuscule, le panorama virait au cauchemar. Avant que la nuit ne les éteignît, pendant quelques minutes, sous ses lueurs mourantes, les reliefs changeaient de consistance : se profilaient des monstres sur les roches exténuées, des cyclopes aux larges plaies, des carcasses d'hercules déchirées par un coup d'estoc, des titans aux tronches bosselées, des peaux scarifiées où pullulaient œdèmes, bubons, boursouflures.

Puis l'obscurité balayait cet hôpital de gueules cassées et, dans les ténèbres, nous enfilions gants, bonnets, anoraks pour nous grouper autour d'un feu bienfaisant. Quel contraste avec la touffeur diurne ! En vingt-quatre heures, nous bravions successivement l'été et l'hiver.

Ce matin-là était le dernier de mon ancienne vie et je ne le savais pas encore.

La nuit avait passé sur moi ainsi qu'un oiseau m'aurait

frôlé ; je m'éveillai frais, dispos, dans le creux de l'oued où nous avions dressé un camp.

Cette fois-ci, notre cantonnement s'avérait moins provisoire que d'habitude. Nous projetions de gravir le mont Tahat, au pied duquel nous séjournions, le plus haut sommet du Hoggar, culminant à trois mille mètres.

Puisque le bivouac demeurait notre base jusqu'au lendemain, certains en profitèrent pour se dispenser d'expédition. Des articulations endolories, des ampoules aux pieds, des colonnes vertébrales trop sollicitées exigeaient le repos. Gérard m'annonça qu'il ne participerait pas à l'ascension ; quand je l'avais vu absorber divers médicaments à la sauvette, j'avais compris que des problèmes de santé qu'il tenait à garder secrets lui retiraient une partie de sa liberté. Après m'avoir souhaité une bonne marche, il s'exila de nouveau sur un monticule. Abracadabrant caractère ! J'aimais bien cet homme mais il ne m'y aidait pas. Généreux, il m'avait offert ce voyage que je n'avais pas les moyens de me payer, et pourtant il me donnait l'impression de l'accomplir sans moi, seul, quasi muet, replié sur une critique narquoise des autres. Il me déconcertait. Sans doute souffrait-il d'une sorte de timidité qui bardait de murs un tempérament plutôt ardent... Ce mélange de feu et de retenue me le rendait énigmatique. Quant à mes collègues, ils lui avaient réglé son sort en le déclarant antipathique, sauf Ségolène qui se refusait à médire et se montrait sensible à son charme de vieux baroudeur.

Abayghur m'expliqua qu'il garderait les voyageurs fatigués, le camp et les dromadaires.

Ce que je saisis à travers sa physionomie, c'est qu'il estimait absurde de vouloir se hisser à la pointe du Tahat. Quel intérêt ? Qu'y avait-il à chasser ? À cueillir ? À boire ? Rien... Il ne justifiait pas de tels efforts, notre curiosité lui paraissant une puérilité européenne.

Ce massif, que les caravanes arabes évitaient car elles l'appelaient le pays de la soif et de la peur, lui, le Touareg, il savait l'infiltrer, mais de là à l'envahir, à trop le solliciter... En outre, à la différence des touristes, il ne cultivait ni le goût du record ni celui de la compétition ; à aucun moment il ne se vanterait auprès de ses congénères « d'y être allé » !

J'eus envie de le rabrouer, de lui vanter l'aventure, de lui promettre qu'une fois là-haut il verrait son pays avec le regard de Dieu.

À l'instant où je comptais l'apostropher, il fixait un aigle qui virait au zénith, juste au-dessus de l'oued. Sa nuque tournait aussi lentement que le vol de l'oiseau, souple, unie à lui. La concentration d'Abayghur en ses iris délavés m'effraya : j'eus l'impression qu'un fil invisible le reliait au rapace, un fil tendu, télépathique, et qu'il utilisait les yeux de l'animal pour examiner notre refuge et ses environs.

Nous partîmes à six, Donald en tête. De concert, nous avions décidé d'emprunter le chemin le plus long, notre but étant moins le sommet que la promenade. Nul sentier ne se dessinait avec certitude, nous empruntions plutôt des directions au milieu des rocs et des pierriers, afin de rejoindre le sommet par l'arête gauche.

Soulagé de mon sac, j'avais un sentiment de vacances, de légèreté reconquise ; je ne portais qu'un polo, un short, des Pataugas et, accroché à ma ceinture, de quoi me rafraîchir.

À mesure que nous progressions en hauteur, nous gagnions un privilège. Tout devenait grandiose. Nous observions la terre à l'infini, et ses poussées tumescentes. De loin, les montagnes semblaient reposer sur un sol plat, épuisées depuis des millénaires d'avoir échoué là, brusquement expulsées des tréfonds de la planète. Le relief acquérait une tranquillité qu'il ne manifestait pas de près lorsque nous affrontions les coulis d'éboulis, les crevasses coupantes ou les tours minées.

Nous franchissions des portes qui nous amenaient vers le ciel.

Thomas et moi ne nous séparions plus. J'étais en harmonie avec lui, nous vibrions ensemble. Des aiguilles, striées de dièdres et de fissures, offraient des mille-feuilles somptueux, aux roches tantôt sableuses, tantôt croûtées, qui sonnaient creux. Il me désignait les falaises musicales, composées de phonolites et rhyolites figées en

grandes orgues : je me surprenais à guetter leurs réver-
bérations, à rêver que le vent souffle sur cet instrument
gigantesque et nous délivre le chant de ces tuyaux, du
Bach ou du Bruckner… À mesure que nous montions et
qu'il me montrait les quartz, feldspaths, amphiboles per-
ceptibles à l'œil nu dans l'ancienne lave, je ne voyais plus
le professeur raide, soucieux d'imposer son autorité,
empressé de montrer ce qu'il savait, je ne décelais qu'un
homme vaillant, de cinquante ans, agité par la passion, la
force du mouvement, l'envie de découvrir.

Une fois arrivé au sommet, une joie abyssale me
submergea.

Le toit du Sahara… L'infini devant, derrière, sur les
côtés… La rondeur du globe…

Je ne pensais rien ; muet, je me réduisais à des yeux
qui contemplaient. Aucune réflexion intéressante ou
intelligente ne me traversait l'esprit, je jouissais de voir,
de humer, d'exhaler.

Thomas se rangea sur ma droite et nous avons admiré,
radieux, le panorama. Nous demeurâmes longtemps
ainsi, portés par une identique respiration ; puis il fallut
qu'il nommât les sommets, ici l'Akafou, ici le Serghat,
ici l'Assekrem… Je consentais, indulgent. Les dénomi-
nations comptaient peu, inessentielles, mesquines, déri-
soirement humaines face au génie naturel que le langage
tentait de s'approprier. Ce qui me plaisait n'était point ce
que Thomas disait, plutôt l'émotion que nous partagions.

Donald sortit le casse-croûte qu'il avait transporté pour nous : du pain, des œufs durs, du saucisson. Pas moyen de s'installer. Le vide nous attirait et le vent nous secouait. Les aguerris stationnèrent debout ; je m'appuyai contre un rocher ; Ségolène s'assit sur une pierre. Je me régalais ; à trois mille mètres au-dessus du sol, le cœur orange d'un œuf ou la mie tendre bénéficiaient de la saveur du rare.

– Brumisateur ! Boisson !

Donald nous obligeait à une hydratation régulière ; à son appel, nous devions boire et nous rincer le visage. Je décrochai de ma ceinture mes uniques bagages, la gourde et la bombe vaporisante. Je souris en pulvérisant l'eau d'Évian car j'eus l'impression de faire se rencontrer fugitivement sur ma peau les Alpes neigeuses et le noir Hoggar.

En dessous, très loin, à droite, Thomas me fit deviner l'oued du Tahat, cette sinuosité sableuse où nous avions établi le campement. Impossible, à cette distance, de distinguer un homme ou un chameau. Nous étions devenus les rois du monde.

Après le repos, Donald nous ordonna de rentrer.

– Je passe devant ! criai-je.

– Tu reconnaîtras le chemin ?

– Pas de souci. Je m'en souviens bien.

Pourquoi avais-je dit cela ? D'où avais-je tiré l'idée que je gardais la mémoire des caillasses ? Comment avais-je pu oublier que je n'avais aucun sens de l'orientation ?

Exalté, je commençai à descendre.

Thomas me suivit mais finit par rester en arrière, ralenti par son chargement de pierres.

J'étais ivre de bonheur. Je marchais. Je sautais. Je m'élançais. Je galopais. Pas question de me retourner. Pas question de vérifier l'itinéraire. Ma puissance m'enchantait. Mes cuisses encaissaient les dénivelés, mes chevilles résistaient, mes pieds choisissaient seuls la roche stable en évitant le caillou branlant, mon souffle se montrait inépuisable. Je m'estimais invincible.

Pas moyen de diminuer mon allure. Plus vite ! Il fallait que j'aille plus vite. Sans relâche. Une sorte de vertige maîtrisé s'était emparé de moi. Jamais autant d'air n'avait gonflé mes poumons. Mon cœur se gorgeait tellement de sang que si je ne fonçais pas, il éclaterait.

J'avance... La prudence voudrait que j'attende mes compagnons, or je jouis de ma force, de ma liberté. La solitude me survolte. Et à quoi bon, la prudence ? Je suis sûr de moi.

Je déboule durant des heures. Des heures qui filent comme des minutes. Aucune fatigue !

Me voilà en bas. Le camp se situe sur la droite.

Je découvre le squelette d'un dromadaire aux os blanchis. Tiens, je ne l'avais pas repéré à l'aller.

Je m'arrête illico.

Normalement, là, je devrais être au camp. Après ces deux blocs rebondis.

Je ne me repère plus. Je les contourne plusieurs fois.

Surpris, je ne me démonte pas, fais quelques pas à droite, à gauche, en avant, en arrière.

Que se passe-t-il ?

Rien.

Je ne reconnais rien. Plus tôt, je me déplaçais dans un univers connu ; en une seconde, il a cessé de l'être. Où suis-je ?

Je ne me mets pas en colère, je ne suis pas furieux contre moi-même : je ne comprends pas. Je demeure hébété, stupéfait.

Soudain je tressaille. Mes camarades arrivent-ils ?

La montagne offre une surface vide. Par où suis-je passé ? Dois-je remonter ? J'inspecte les environs et je commence à douter. Qu'est-ce qui s'apparente davantage à un rocher qu'un rocher ? À une aiguille qu'une aiguille ? À un ravin qu'un ravin ?

Je me rends compte que, cet après-midi, j'ai dévalé un leurre... Le chemin ressemblait au chemin mais ne l'était pas.

J'appelle :

– Donald !

Ma voix me rassure. Elle reste forte, virile. On va sûrement l'entendre.

– Donald ! Thomas !

Aucune réaction.

– Hoho….

Ce long cri me permet d'enfler et de moduler ma voix.

Ça y est : il me semble obtenir une réponse.

Soulagé, je recommence puis tends l'oreille.

L'écho me revient, fracassé de roc en roc…

Après l'écho, le silence.

Un silence tranchant.

Définitif.

Maintenant, c'est clair : je suis perdu.

11

Je demeure si choqué que je ne songe ni à la faim ni à la soif.

Que faire ?

Remonter… Impossible, la nuit va tomber.

Attendre… Mais attendre qui ? Attendre quoi ?

Je me mords les lèvres jusqu'au sang.

Crier ? Crier encore ? Tendre l'oreille ? Je viens de m'y contraindre pendant vingt minutes. Exténuant ! Un laps de récupération et je recommence…

La nature ne m'en concède pas le temps : le soleil rougoie puis, en un soupir, le ciel se vide, s'éteint, les murailles s'abolissent. Un vent violent, glacé, rugit en déferlant à travers failles et canyons. Il fond sur moi.

Je frissonne.

Inutile de rappeler mes compagnons, les rageuses rafales rendent ma voix inaudible ; les bourrasques l'ont avalée tout en tuant l'écho. Le son du désert ne m'appartient plus.

En quelques secondes, le froid me pénètre…

Je grelotte.

Pas d'alternative : me protéger, vite.

En cherchant un abri derrière des blocs, je m'aperçois que je n'ai ni couverture, ni duvet, ni pull, ni pantalon. Comment résisterai-je aux ténèbres hivernales ?

Je me cale entre des rochers qui gardent la mémoire du soleil, tièdes. Là, tel un animal, dénué de projet, je me frotte contre eux, je profite de leur chaleur.

Déjà celle-ci s'évanouit…

Mes dents claquent.

Le vent s'enfle, s'entête, se glisse désormais partout.

Je décide de creuser un lit. Les grains de sable me serviront de drap, de couverture : je m'en recouvrirai.

Sans attendre, je gratte, j'écope, je lisse. Puis, je m'implante et m'enterre.

Me voici allongé sur le dos, en position de gisant, la figure face à l'étoile vespérale. Les souffles tourbillonnent. Dans les coulisses de mon cerveau, une voix me rappelle, sur un ton de reproche, que je devrais pouvoir me situer maintenant que le ciel déploie ses balises ; or, je n'ai jamais rien retenu des points cardinaux, j'ai toujours considéré la nuit comme un tableau, pas comme une carte, me contentant d'un rapport esthétique aux astres.

Égaré…

Rien à manger.

Avec la main que j'ai gardée libre, hors du sable, j'examine ce qui subsiste au fond de ma gourde. Quatre gorgées pas davantage. J'en prends une.

Je ferme les paupières. Mes méninges moulinent. Combien de temps un homme peut-il se passer de boire ? Je n'en sais rien... Je consulte mes souvenirs littéraires : j'ai bien dû lire ça dans un roman, non ? Quatre jours... Trois... Trois jours, serait-ce assez long pour qu'on me retrouve ? En revanche, si l'on ne me retrouve pas, ce sera très long pour mourir...

Je déglutis péniblement.

Mourir... Voilà ce qui m'attend.

Mes yeux se rouvrent. Je m'affole. Je suis enfin conscient de ce qui arrive : me voici égaré dans le désert, sans eau ni vivres, à peine vêtu. La seule caravane que j'ai vue en une semaine, c'est la nôtre, et Tamanrasset, le premier village, se tient à cent kilomètres. Je cours un grave danger.

J'halète, fébrile, inquiet, effaré, déjà vaincu par l'horrible nuit qui s'annonce, prêt à me laisser tourmenter par la peur...

12

Enseveli.

Calé dans le sarcophage de sable, je tiens mon visage face à la nuit.

Le champ des étoiles paraît moins vaste que le désert. À gros martèlements, mon cœur pompe le sang, incertain, en alerte, consterné de rester vivant au sein du minéral, tellement conscient de ne compter pour rien.

Enseveli...

Combien de temps vais-je croupir dans ce silence rocheux ouvert sur les galaxies ? Le temps de me pétrifier... Si je pouvais m'endormir ! Le repos apporterait le répit de l'oubli. Au lieu de cela, ma conscience, claire, vibrante, ne m'accorde pas de trêve ; elle veille comme si elle allait découvrir une solution, comme si sa vigilance m'éviterait le trépas.

Enseveli...

Je suis tombé si bas ! Et je déclinerai encore... Je m'effacerai bientôt dans la poussière. Intimement, j'en ai le désir, presque le goût. Mourir plutôt qu'attendre la mort. Cette paix-là, la paix du néant, m'attire plus que l'intolérable lucidité à laquelle mon esprit se contraint.

Enseveli !

Par réflexe, j'ai souhaité me rouler en fœtus sur le côté, mais le sépulcre que j'ai construit m'en empêche. Curieux... Je n'aurais pas cru que des poignées de sable pèsent si lourd. Me voilà coincé sous une couche maçonnée par mes soins.

Que se passe-t-il ?

Ah...

Il me semble que je m'émousse... que je me détache... ou que l'on me hisse... Quoi ? Au fond de la chute, il y aurait le rebond ?

Ça continue...

Je m'élève, je dépasse le sable, l'amas de rochers, et... je flotte.

Incroyable : j'ai deux corps ! L'un sur terre, l'autre en l'air. Tandis que je distingue toujours, aussi ténu qu'un souvenir, le sable bloquant mes jambes et mon torse, je flotte... Le prisonnier grelotte en bas et l'affranchi, léger, impalpable, s'élève tranquillement au-dessus du paysage, ne souffrant ni du froid ni du vent, délesté même de la respiration.

Fait chaud, fait bon, ici.

Ma conscience perd son train habituel, celui de la

réflexion ou du calcul. Le temps ralentit. Je vole. Le ciel retient son haleine. Les étoiles ne bougent pas.

D'où vient cette force qui m'a placé si haut et m'y maintient ?

Je ne comprends rien... Vient-elle de l'extérieur ? De l'intérieur ? Je ne la reconnais pas, je ne la localise pas. Les repères s'abolissent.

Voilà que ça change déjà... J'ai l'impression que la force réintervient. Elle... elle m'agrandit ! Oui, elle distend mes membres, me rend colossal, m'étend aux dimensions du massif montagneux, je vais dominer et tapisser le Sahara...

La force insiste.

Elle m'écartèle sans me briser ; au contraire, ce démantèlement me comble de suavité. Délicieux.

Une paix m'envahit.

J'en demeure éberlué ; je ne le resterai pas longtemps car – je l'anticipe – je vais renoncer à ce fauteuil de spectateur, je vais me résorber dans cette quiétude, je le devine, oui, je vais m'y dissoudre voluptueusement, tel un sucre au milieu de l'eau.

Mon sang bat fort. Un bonheur excessif. J'ai confiance. Mon cœur ne rompra pas.

Le temps achève sa mue : il s'immobilise. Cessant de s'écouler, il devient riche, résonnant, intense, doté de milliards de couches. Le voilà épais, le temps... Nul besoin d'égrener des secondes, il est.

Joie.

Flamme.

La force fonce. Je me laisse prendre. Elle me pénètre le corps, l'esprit. Me voici irradié !

J'épouse la lumière.

La suppression de la terre entraîne celle du ciel. Je lévite, mais nulle part ; en quittant le temps, j'ai quitté l'espace ; et en route, j'ai égaré ma volonté puisqu'elle s'est abouchée avec celle d'un autre. J'abandonne tout, le désert, le monde, mon corps, moi. Je ne formerai bientôt plus qu'un avec la force.

Cette énergie inébranlable, indomptable, à l'œuvre dans l'univers, je m'absorbe en elle.

J'en reçois des messages…

Comment ?

Qu'ils sont difficiles ! Non à saisir car ils s'imposent, mais à transcrire dans le langage. Les mots, ces pauvres mots, n'offrent pas la porte d'accès à ce que je vis. Ils ont été inventés pour décrire les objets, les pierres, les sentiments, des réalités humaines ou voisines des humains. Comment désigneraient-ils ce qui les dépasse ou ce qui les fonde ? Comment des termes finis exprimeraient-ils l'infini ? Comment les étiquettes du visible estampilleraient-elles l'invisible ? Ils inventorient le monde, ces mots qui ont la truffe au sol, or je pénètre dans l'au-delà du monde…

Éblouissant.

Fulgurant.

Je sens tout.

D'un coup, j'appréhende la totalité.

Les termes fuient. Peu importe ! Une voix de mon esprit me souffle que je formulerai plus tard. Pour l'heure, il faut s'abandonner. Et recevoir…

J'embrasse…

J'embrase…

Flamme.

Je suis flamme.

Lumière croissante. Insoutenable.

De même que je ne pense plus en phrases, je ne per-çois plus avec les yeux, les oreilles, la peau. Incendié, je m'approche d'une présence. Plus j'avance, moins je doute. Plus j'avance, moins je questionne. Plus j'avance, plus l'évidence s'impose.

« Tout a un sens. »

Félicité…

Je circule au sein d'un lieu sans pourquoi.

La flamme que je suis va rencontrer le brasier… Je risque d'y disparaître…

Serait-ce la dernière étape ?

Feu !

Soleil ardent. Je brûle, je fusionne, je perds mes limites, j'entre dans le foyer.

Feu…

13

L'éternité a duré une nuit.

La force qui m'a soulevé m'a délicatement ramené sur terre. Voilà que s'achève mon voyage immobile.

Peu à peu, je récupère l'intelligence et la mémoire.

Peu à peu, je redescends jusqu'à moi.

La Grande Lumière s'éloigne mais nous ne nous séparons pas : il m'en reste la trace, enfouie au plus profond de moi, vive, incandescente ; en ce moment, elle explore son nouvel habitat, elle prend ses aises.

Les mots me reviennent. Pis, ils se précipitent à mon secours car ils tiennent à inventorier ce qui s'est produit, prêts au procès-verbal. Ils s'alignent, tels des soldats de la pensée, ne soupçonnant même pas leur impuissance.

Je recouvre une respiration normale et réintègre mon corps de vingt-huit ans engoncé dans le sable. Des crampes me rappellent l'inconfort de ma couche, des frissons la température glaciale. Le vent siffle, rugit, s'exaspère.

Une certitude brille au-dessus de tout : Il existe.

Qui ?

Je ne sais pas Le nommer. Lui ne s'est jamais nommé.

Il existe.

Qui ?

Qui est mon ravisseur ? Qui m'a arraché aux ravins et m'a régalé de joie ?

Les mots se proposent en masse et j'arrête leur armée. Décrire une force qui ne tient pas dans un corps, une présence qui se passe de forme, est-ce possible ? Je peine à me figurer Celui dans lequel je me suis fondu puisqu'on ne peut ni Le voir, ni L'entendre, ni Le toucher, ni L'étreindre. J'abandonne l'idée de qualifier ce qui n'est ni vivant ni mort. En prime, l'état-major des mots – leur grammaire – me joue des tours, me forçant à parler de Lui comme d'une personne alors qu'Il ne m'est pas apparu ainsi. En secouant la tête, je chasse les militaires lexicaux.

Qui est mon ravisseur ?

J'y songe avec tendresse…

Ravi… Je suis ravi… Il m'a ravi…

Pour aller vite, je devrais probablement le baptiser Dieu.

Ou Feu…

Dieu ? Pourquoi pas…

Oui, disons Dieu ! Si ce n'est pas son nom, ça reste le moins saugrenu pour L'appeler. Le vocable a tant servi qu'il ressemble à une vieille pièce de monnaie dont l'usure a effacé les caractéristiques mais conservé l'aura.

Dieu, je L'ai atteint par le cœur. Ou Il a atteint mon cœur. Là, en moi, s'est creusé un corridor entre deux mondes, le nôtre et le Sien. J'ai la clé, le chemin. Nous ne nous quitterons plus. Quel bonheur qu'Il existe ! Joie ! Par ma foi toute neuve, je l'éprouve d'une façon puissante.

Que m'a-t-Il enseigné ?

« Tout a un sens. Tout est justifié. »

Je me réchauffe à cette phrase qui transcrit correctement ce que j'ai recueilli.

« Tout a un sens. Tout est justifié. »

Désormais, quand je ne saisirai pas quelque chose, je ferai crédit. La raison que je n'apercevrai pas, elle manquera à mon esprit, pas à la réalité. Seule ma conscience bornée touche ses limites, pas l'univers.

« Mourrai-je bientôt ? »

Je me souviens d'avoir posé cette question durant l'extase. J'avais reçu une réponse magnifique, à la fois précise et imprécise. Imprécise car la force ne m'annonçait pas lorsque je périrais. Précise car elle m'expliquait que ce serait utile et merveilleux. Je devais apprendre à accepter cet événement, mieux même, à l'aimer. Ce jour-là constituerait une bonne surprise ! La mort ne m'apporterait pas une fin mais un changement de forme ; j'échapperais à cette terre pour gagner une patrie, l'unité première inconnue. En toute sérénité, j'aborderais le mystère de la mort comme le mystère de la vie : avec confiance !

L'air frémit alentour. Le ciel change de consistance. L'obscurité va se retirer. Voici l'autre lumière.

Je me détends. Un sentiment de confort m'envahit. Sous ma peau, dans mes muscles, mes viscères, court un apaisement qui s'apparente au rassasiement, voire à l'orgasme.

Une lueur hésitante, presque sale, découpe les reliefs du mont Tahat. L'aube tente sa percée. Je rejoins le temps ordinaire, celui de la nature ; cette nuit, j'en étais sorti pour toucher l'éternité.

Le soleil se pousse au sommet, lent, blafard, quasi convalescent. Il insiste.

Et soudain, je comprends ! Si l'astre me toise, c'est que je suis du mauvais côté : l'oued de Tahat où nous campions se trouve à l'est de la crête, pas à l'ouest. Je stagne au pied de la face ouest.

Il va falloir que je regravisse la montagne…

En aurai-je l'énergie, alors que je n'ai ni à boire ni à manger ?

« Confiance », me souffle la force.

Je souris en songeant au cadeau que je viens de recevoir. La foi…

Mon destin est scellé : soit j'erre encore, et je mourrai

croyant ; soit je rejoins le groupe, et je vivrai croyant.
Dans les deux cas, je consens, je me soumets.

Soulagé, je ferme mes yeux trop secs et m'endors
enfin.

14

À mon réveil, le soleil avait pris de l'altitude et de la couleur.

Je considérai avec bienveillance l'astre devenu mon complice car j'avais saisi que, dans le désert, si l'on se déplace, il ne faut pas regarder la terre mais le ciel. Les guides agréés restent le Soleil et les étoiles ; les autres appartiennent au royaume labile des illusions.

Quittant mon lit minéral, j'époussetai le sable collé à ma peau et à mes vêtements, puis j'inspirai l'air à pleins poumons. La chaleur revenait.

Curieusement, le paysage me semblait familier. Ni les crevasses, ni les ravins, ni les tas d'éboulis ne sécrétaient d'hostilité ; ils attendaient que je les traverse ; mieux, ils m'y invitaient.

Je laissai couler deux gouttes d'eau dans ma bouche et je les fis rouler longtemps contre les parois de mon palais racorni. Lorsque j'avalai enfin la gorgée, j'eus l'impression que mon corps entier tentait de l'absorber.

Refermant la gourde, je me jurai de ne la réutiliser qu'une fois le col passé.

Aucune angoisse ne m'habitait. J'étais résolu à exécuter un plan, un seul : monter cette fichue côte et, du sommet, viser le site où se nichait le camp afin de tenter une nouvelle descente.

J'attaquai le versant caillouteux. Mes chevilles ne tremblaient pas, mes cuisses non plus, mes jambes se montraient aussi fermes que ma volonté. Un élan vigoureux me soulevait de plateformes en raidillons, de talus en falaises, de gravillons acérés en blocs instables.

Mon tonus me sidérait. Moralement, j'étais vide et comblé. Physiquement, je n'éprouvais ni faim ni soif, comme si mon organisme avait mis en sommeil ses exigences ordinaires.

Conscient de mon indigence en géographie, j'avais choisi un repère – la crête – et je m'y tenais. Peu m'importait d'affronter des pentes abruptes, d'y mettre les mains, les genoux, d'escalader ; je préférais compliquer mon ascension en empruntant la voie courte plutôt que calculer des circonvolutions où j'allais me fourvoyer, certain de ne pouvoir me fier qu'à ma réflexion, pas à ma mémoire des sites, inopérante.

Au début, tout se déroula aisément : nul doute que j'allais vite accéder au point culminant. Or, la montagne s'élevait à mesure que je la gravissais. Mon but reculait… Je ne m'inquiétais pas pour autant. Une tâche. Une tâche unique. M'y consacrer. Têtu. Borné.

Pas d'hésitations. Pas de regrets. Pas de doutes. Je me contentais de réguler ma respiration.

Quelques heures après, comme j'approchais du col, les muscles consumés par l'effort, j'ouvris ma gourde.

« Ta promesse ! »

Une voix intérieure me rappelait à la raison.

Obéissant, je vaporisai de l'Évian sur la peau rissolée de mon visage et gardai la gourde intacte à ma ceinture.

« Continue. Monte droit. Ne regarde pas en arrière. »

Des souffles contradictoires tourmentaient les reliefs. Tant mieux : ils atténuaient la fournaise. Lorsque j'entrepris de rythmer mon allure en chantant, le vent s'engouffra dans ma bouche et l'assécha davantage. Hors de question ! Je gardai mes lèvres serrées, aussi rugueuses que du papier de verre.

Au fond de mon cerveau, je me jouai donc une symphonie de Mozart et, porté par les notes, j'achevai l'ascension.

Au sommet, je cédai à un triple plaisir : celui d'avoir réussi, celui de reconnaître le panorama circulaire, puis celui, plus précieux encore, de discerner le coude blanchâtre de l'oued où nous séjournions.

Je ne pus m'empêcher de crier.

– Ho ho !

Une bourrasque emporta ma voix. Impossible de me faire remarquer dans de telles conditions !

Il fallait descendre. De nouveau, j'optai pour la ligne droite. Mes paumes résisteraient aux pierres coupantes, mes tibias aux escarpements.

Quitte ou double !

J'achevai ma gourde. Le filet restant s'évapora en touchant ma langue rigide, enflammée.

Ne pas tarder ! Arriver en bas avant la nuit. Sinon…

Je refusai de réfléchir et je m'élançai.

Ce n'était pas la crainte ou le désespoir qui me poussait dans les éboulements rocheux, c'était la confiance : je devais me donner ma chance. Si je ne réussissais pas, je mourrais, ce qui n'était pas triste… mais j'avais ordre de respecter ma vie tant qu'elle me le permettait.

Mes forces ne me trahissaient pas. Je dévalais. Mon corps me semblait aussi léger que son ombre collée au sol par le soleil.

Sporadiquement, je redoutais de déclencher une avalanche de gravats tant le chemin cédait sous moi. Pourtant, n'aurait-ce pas été un bon moyen de signaler ma présence ?

Je dégringolais, le cœur battant. Ma vitesse m'échappait. Elle appartenait à la pente, plus à moi. Allais-je perdre l'équilibre ? Je me sentais précipité en avant.

– Érrrric !

J'aperçus une silhouette bleue à des centaines de mètres en dessous.

Je calai sur place.

Abayghur m'envoyait un signe.

Était-ce un mirage ?

Je levai le coude à mon tour.

Il agita sa main de gauche à droite.

Je fis de même.

Il écarta les bras pour exprimer la victoire.

Mes lèvres tremblèrent d'émotion. S'il avait subsisté une once de liquide dans mon corps déshydraté, mes yeux se seraient humectés de larmes.

Je me ruai en bas.

De temps en temps, je le distinguais. Puis il disparaissait.

Maintenant, je ne le voyais plus.

M'étais-je encore trompé ?

Soudain, à l'angle d'un bloc, je déboulai devant le Touareg.

Un immense sourire illuminait son visage.

– Érrric !

Il tendit les bras et je m'y réfugiai.

Comme j'étais bien, contre ce long corps osseux… Comme j'avais du plaisir à le serrer contre moi…

J'entendais son rire de gorge. Par empathie, je gloussai également. Nous hoquetions.

Puis je me détachai.

Abayghur pleurait et s'esclaffait dans un mélange de gêne et de pudeur.

Il me déchiffra, posa les mains sur mes épaules, hocha la tête en signe d'inquiétude, me tendit sa gourde.

Je me jetai sur le goulot.

Au bout de deux gorgées, il m'interrompit.

Je protestai.

Il me fit comprendre que je devais boire par petites quantités, sinon je tomberais malade. J'acquiesçai, heureux d'abandonner ma volonté à un vrai Saharien.

Me saisissant alors par le bras, il emprunta le sentier et se mit à jaser sans trêve.

Par quel miracle décryptais-je son babil ? Je l'ignore. Il m'expliquait qu'il n'avait pas dormi de la nuit, qu'il avait crié cent fois mon nom à travers la montagne, qu'il avait dressé des feux en divers endroits afin de me fournir des jalons et qu'au matin, ne me voyant pas rentrer, il en avait induit que je gémissais, écrasé, au cul d'une crevasse. Il avait donc passé sa journée à explorer les failles.

En mots et gestes, je précisai pourquoi je n'avais pas perçu ses appels ni décelé ses foyers : j'avais dormi de l'autre côté de la montagne.

Chaque fois que je m'adressais à lui, il éclatait de rire, révélant une gaieté quasi enfantine à me contempler.

Le chemin fit un lacet qui nous offrit de distinguer le bivouac, les dromadaires, les sacs de couchage…

Euphorique, Abayghur stoppa et cria dans cette direction.

Donald surgit, Gérard aussi.

Abayghur leur montra que je l'accompagnais.

Tous les marcheurs apparurent et nous applaudirent.

Abayghur, comme perché sur une scène de théâtre, m'enlaça et me souleva, tel un trophée qu'il aurait remporté.

La profondeur de sa joie me bouleversait.

Nous continuâmes notre voyage de retour.

Maintenant que ma tension mentale se relâchait, la fatigue m'abrutissait. Quoique Abayghur m'arrêtât souvent pour me désaltérer, ce fut quasi chancelant que j'échouai à l'oued.

Donald se précipita sur moi.

– La terreur de ma vie, tu as été ! La terreur de ma vie ! Jamais, en dix ans d'expédition, je n'avais perdu quelqu'un.

Puis, se rendant compte qu'il n'avait parlé que de lui, il m'étreignit, histoire de se faire pardonner.

Gérard m'accosta, inhibé par son propre émoi.

– Que s'est-il passé ?

Je lui rapportai mon allégresse de la veille en gagnant le sommet, mon caprice de me comporter en éclaireur, ma déambulation trop rapide, présomptueuse, mon égarement…

Lorsque vint le moment d'aborder la nuit, je me figeai.

– Et après ? insista Gérard.

Je signalai seulement que je m'étais protégé du vent et du froid entre les rochers, je prétendis avoir dormi puis narrai en trois mots ma dernière journée.

Rassuré, Gérard, à la différence de moi, avait besoin de se raconter :

– Nous avions scindé le groupe en deux. Moi, j'allais filer à Tamanrasset avec Donald. Là-bas, j'aurais loué un hélicoptère pour trouver ta trace... Enfin, si j'y étais parvenu à temps ! Oh, tu n'imagines pas le nombre de fois où j'ai tourné et retourné dans ma caboche la façon dont j'allais annoncer la nouvelle à tes parents...

Je le regardais balbutier, volubile, tourmenté et réconforté à la fois. Comme je me sentais loin de ses soucis ! Comme je me sentais loin des membres de l'expédition qui venaient, un à un, m'embrasser et m'avouer leur apaisement.

– As-tu eu peur ? me demandaient-ils.

– Non, répondais-je à chaque fois.

Ils me considéraient alors d'un air sceptique.

Je ne pouvais leur en dire davantage... D'abord, parce que je ne possédais pas de mots pour décrire mon aventure sous les étoiles. Ensuite, parce que je présageais qu'un tel récit serait insupportable et incongru aux yeux de ceux qui venaient de passer une nuit atroce tandis que moi je vivais le pic de mon existence.

On m'amena dans un creux de sable, entre deux

buissons rachitiques, où Abayghur avait aménagé à mon intention une couche douillette, composée de trois couvertures épaisses, colorées. Un plat d'agneau me fut servi, qu'Abayghur m'incita à mâcher lentement.

À mesure que ma chair souffrait moins grâce à la boisson et à la nourriture, une lassitude démesurée m'accaparait.

Donald décréta que nous camperions encore une nuit ici. Tant pis pour le planning.

— Désolé, m'exclamai-je.

— Tu n'as pas à t'excuser !

— Cela va ralentir le voyage.

— Au désert, on prévoit l'imprévu. D'ailleurs, comme dit Abayghur : « Le jour est long. Et il y a demain. »

Le Touareg, accroupi à dix mètres de nous, fouillait le sol avec un poignard.

— Que fait-il ?

— Il cherche du combustible, m'expliqua Donald. Parfois une plante de cinq centimètres s'appuie sur des racines de plusieurs mètres.

J'observai Abayghur occupé à extraire une liane souterraine. Cette semaine, je n'avais pas pris conscience de ses prouesses : il dégotait du bois dans le Sahara.

— Si tu avais vu les flambées qu'Abayghur a faites cette nuit ! s'exclama Donald. Comment a-t-il pu dénicher ici de quoi brûler ? Et il n'allumait pas des feux de nomades, étroits et économes, mais des feux

LA NUIT DE FEU

d'Américains, des brasiers larges, puissants, avec des flammes hautes. Incroyable…

Je souris, songeant à l'autre feu que j'avais rencontré durant les mêmes heures.

Abayghur improvisa une décoction d'herbes, m'engagea à l'avaler puis appliqua une matière grasse sur ma peau en me massant. Il ne me consultait pas. Il m'imposait ses soins. Cela ne me gênait pas qu'il devînt le maître de ma santé ; j'y consentais, fourbu.

– *Tanemmert, Abayghul.*

Il approuva de la tête, me tapota le front et retourna près du foyer.

En bâillant à me décrocher la mâchoire, je devinai que je ne serais pas long à m'endormir.

Ségolène s'approcha et sa mimique me supplia de lui accorder quelques secondes. Je l'accueillis en plissant les paupières.

– Oh, Éric, je suis satisfaite que tu nous aies rejoints.

– Moi aussi…

– J'ai prié pour toi, tu sais. J'ai prié toute la nuit.

Devant cet aveu touchant, des larmes me montèrent aux yeux. Allais-je lui dire ? Allais-je enfin lui confier, à elle qui croyait en Dieu, la merveilleuse visite que j'avais reçue ? Je me mis à frissonner.

– Il m'a entendue, poursuivit-elle.

La remarque m'embarrassa… Elle ébréchait le caractère unique de mon histoire, elle introduisait une connection entre Dieu et Ségolène, voire une connivence. Devais-je les imaginer, Dieu et Ségolène, en train de me préparer une expérience mystique ? Bouffon… Pourtant, je ne pouvais prétendre que ses prières n'avaient servi à rien.

Je m'exclamai :

– Si Dieu intervient, comment se fait-il qu'Il ne nous sauve pas à chaque fois ? Pourquoi laisse-t-Il certains mourir et d'autres vivre ?

Elle sourit en se mordant les lèvres.

– Pourquoi toi ? Telle est ta question…

– Oui, pourquoi moi ? criai-je avec véhémence.

– Pourquoi toi ? Lui le sait.

Je la dévisageai, bouche bée. Le lui dire, vite ! Par quel élément commencer ? Les idées se bousculaient dans mon cerveau. Évoquions-nous la même « personne » ? Ce que j'appelais Dieu correspondait-il à Celui qu'elle priait ? La force qui m'avait foudroyé au pied du Hoggar ressemblait-elle au Dieu de Moïse, de Jésus, de Mahomet ou de Ségolène ? Je n'en savais fichtre rien…

– Il sait ce qu'Il fait, conclut-elle.

Elle esquissa une caresse sur ma joue puis s'éloigna.

Je me recroquevillai en fœtus sous les couvertures et me calai sur l'oreiller. Devant moi se dressait le mont Tahat, son surplomb rocheux, ses aspérités érodées, et il me revint soudain en mémoire que Tahat signifiait « colonne du ciel »…

Je rageais de constater mon impuissance. Quoi, Dieu m'avait fait un cadeau pareil, et je n'étais pas fichu d'en parler ? Nul ! Quelle ingratitude que ce silence… Pourquoi transformer ma révélation en secret ? Dieu ne pouvait s'infliger un témoin plus médiocre…

Je fermai les paupières, bouleversé par cette pensée lancinante : dans quel dessein m'avait-Il choisi ?

Pourquoi moi ?

15

Une caravane glissait au lointain, lent voilier du désert.

Je paradais sur un dromadaire. Abayghur ayant décrété que je n'achèverais pas l'expédition en marchant, il avait réparti les cantines afin de me confier à Tarik, robuste et charnu quadrupède, au poil blond, presque blanc... J'avais quitté le ras du sol pour les hauteurs et, depuis mon perchoir animé, je jouissais du panorama, tel un prince.

Quoi de plus aisé que de faire corps avec un chameau ? Pieds nus contre le cou de la bête, assis sur un large siège de méhariste, je m'abandonnais à son rythme de balançoire, bercé. C'était d'un confort remuant, mais d'un confort impérial. Un chameau, même très chargé, ne chute jamais. La sûreté de Tarik m'impressionnait : ni le rocher pointu, ni le sable brûlant, ni le galet émoussé n'interrompait son allant ; à chaque fois, affrontant ou contournant les anfractuosités des sentiers, ses doigts moelleux tels des pneus épousaient le terrain tandis que ses membres rétablissaient l'équilibre. Morcelée, sa progression consistait en une succession de victoires. J'avais la conviction d'avoir rejoint l'équipe gagnante.

Aux pauses, je constatais que, hélas, aucun lien ne se créait entre Tarik et moi. Il me transportait comme il trimballait les caisses, sans y prêter attention. Les seuls moments où je retins son regard furent ceux où je lui fournis la nourriture dont il raffolait ; en quarante-huit heures, quoique installé en permanence sur son dos, je ne parvins qu'à décrocher ce statut fugitif : une face derrière le seau de grains.

Cela ne m'empêchait pas d'admirer cet animal léger, doux, sobre, infatigable, dont la tête gracieuse aux yeux patients m'attendrissait. Je lui enviais sa double rangée de cils qui le protégeait des vents de sable. Il mâchait les longues épines d'acacia sans saigner, marchait autant qu'on l'exigeait, résistant mieux que nous aux impitoyables conditions de l'environnement. Même son haleine de foin séché me plaisait. Je le plaignais lorsqu'une larve de mouche, coincée dans ses fosses nasales, l'agaçait, le forçait à grogner, puis à éternuer.

Flâneur souverain, dégagé de tout souci, je rêvassais en contemplant le paysage. La brune et sereine abstraction du désert favorisait ma méditation. En moi croissait la foi qui avait germé au pied du Tahat. Ma métamorphose spirituelle, je la ressentais presque organiquement, tel un arbre dont la sève génère des feuilles à profusion.

À mesure que nous approchions de l'Assekrem, le site devenait moins sauvage : diverses routes convergeaient, trois jeeps passèrent, un car jaune, un bus brinque-balant... Sur l'horizon, je parvins même à dénombrer plusieurs caravanes.

Abayghur me désigna en riant quelques Bédouins engourdis, la nuque courbée, les épaules basses, qui tiraient machinalement une corde derrière laquelle dodelinait un chameau.

– Connais-tu la définition d'une caravane selon Abayghur ? s'exclama Donald.

– Non...

– Des ficelles avec un animal à chaque bout !

Abayghur me traitait en ami. Ma disparition, mon retour, mon épuisement nous avaient permis de gagner des semaines d'apprivoisement et avaient ouvert les vannes à l'affection.

Il se révélait à la fois exubérant et pudique. Dans son code de Touareg, on n'exprimait pas les sentiments, on les prouvait. Au lieu de me souhaiter un « bon appé-tit », il m'apportait un repas ; plutôt que de formuler un « Je t'aime » – *riqqim* –, il manifestait son attachement par une bonne humeur indéfectible, des blagues en rafales, le souci assidu de ma santé, les soins qu'il me prodiguait.

À chaque halte, nous jacassions comme des pies. Je ne prenais plus garde à nos langues différentes, je l'écoutais en devinant ses mots et je bavardais à mon tour sans retenue.

La montre que je portais au poignet fascinait Abayghur. Sa vétusté, son raffinement, sa lourdeur le ravissaient. Il s'étonnait que je ne la mette pas à l'heure.

– L'heure, je la sais d'instinct. Inutile que je m'assomme à remonter ce ressort tous les jours.

– Alors pourquoi portes-tu une montre ?

Je lui expliquai que ce chronomètre avait appartenu à mon grand-père François. Après son décès, j'avais pendant vingt ans occupé mes nuits blanches à lire, à écouter de la musique classique. Outre cette montre qu'il m'avait léguée par testament, la culture avait été son ultime cadeau. Reconnaissant, je m'astreignais à garder toujours sur moi un souvenir de lui.

En opinant, Abayghur me désigna les amulettes qui ne le quittaient jamais et me narra par le menu l'histoire de chacune. J'avoue que ces romans-là, je les ai plus imaginés qu'entendus ; le charme de notre relation tenait aussi au fait que nous nourrissions de fantasmes les paroles incompréhensibles de l'autre.

Durant ces deux jours, le temps coulait, utile, bénéfique. Je réfléchissais intensément. Trois mètres au-dessus du sol, trônant sur la selle du dromadaire, je me maintenais en perpétuelle oraison.

Je tentais de m'accoutumer à la joie.

Car telle était bien la conséquence de ma nuit mystique : la béatitude.

Je méditais sur les années que j'avais consacrées à la philosophie. Sous l'influence de Heidegger, elles avaient privilégié l'angoisse, cet ébranlement radical, l'essence même de la conscience selon les penseurs modernes, cette angoisse qui m'avait poignardé le premier soir au désert.

Or l'angoisse, si elle m'avait retiré du monde, ne m'avait pas mis en face de Dieu. Au contraire, elle m'avait condamné à davantage de solitude et d'arrogance, me propulsant comme seul pensant au milieu d'un univers qui ne pensait pas.

À l'inverse de l'angoisse, la joie m'avait intégré au monde et mis en face de Dieu. La joie me conduisait à l'humilité. Grâce à elle, je ne me sentais plus isolé, étranger, mais fécondé, uni. La force qui tenait le Tout grouillait également en moi, j'incarnais l'un de ses maillons provisoires.

Si l'angoisse m'avait fait trop grand, la joie m'avait ramené à de justes proportions : pas grand par moi-même, plutôt grand par la grandeur qui s'était déposée en moi. L'infini constituait le fond de mon esprit fini, comme un bol qui aurait contenu mon âme.

Nous arrivions à l'Assekrem en traversant des canyons ombreux, des plateaux rocailleux gardés par de géants pitons striés, vigiles gris et silencieux. Nous progressions à deux mille mètres d'altitude.

Pour échapper à la canicule et à la sécheresse qui dévastaient les terres plus basses, les Touareg venaient souvent se réfugier ici l'été avec leurs troupeaux. Charles de Foucauld avait bâti, au sommet, un ermitage.

– Tu te rends compte ? L'ermitage de l'Assekrem...

Les paupières plissées, l'œil gaillard, Gérard se réjouissait de fouler bientôt un décor de son futur film.

Je manifestais moins d'impatience. Ma conception du voyage avait changé : la destination importe moins que l'abandon. Partir, ce n'est pas chercher, c'est tout quitter, proches, voisins, habitudes, désirs, opinions, soi-même. Partir n'a d'autre but que de se livrer à l'inconnu, à l'imprévu, à l'infinité des possibles, voire même à l'impossible. Partir consiste à perdre ses repères, la maîtrise, l'illusion de savoir et à creuser en soi une disposition hospitalière qui permet à l'exceptionnel de surgir. Le véritable voyageur reste sans bagage et sans but.

– Sacré bonhomme, ce Foucauld ! cria Gérard en voyant l'incommode accès à l'Assekrem.

Charles de Foucauld... Je saisissais mieux pourquoi je ne piaffais pas autant que Gérard : le rendez-vous avait déjà eu lieu ! Ce que Foucauld avait à me dire m'avait été révélé au pied du Tahat.

Avec vertige, je considérais ce qui venait de se passer

depuis un an. Quelle était la part du destin ? Quelle était la part du hasard ?

Quelques mois plus tôt, Charles de Foucauld était entré dans ma vie sous la forme d'un film à écrire ; quelques semaines plus tôt, il avait motivé cette expédition ; depuis le premier jour en Algérie, il représentait l'alpha et l'oméga de nos déplacements puisque nous partions de son bordj de Tamanrasset pour gagner son ermitage de l'Assekrem. Or voilà maintenant que mon sort et le sien s'entremêlaient de manière intime…

Charles de Foucauld, noceur, mondain, avait connu une révélation mystique un jour d'octobre dans l'église Saint-Augustin à Paris.

En écho, je venais de vivre la même au pied du Hoggar.

Il avait vingt-huit ans.

Moi aussi.

Charles de Foucauld s'était converti après cette illumination.

J'étais en train de le faire.

Rien ne se ressemblait. Tout concordait.

En octobre 1886, le jeune officier désabusé s'était acheminé vers une église parisienne flambant neuve pour rencontrer l'abbé Huvelin et quémander des cours de religion. « Monsieur, je n'ai pas la foi. Je suis pourtant intrigué par elle, surtout depuis mes voyages en terre d'islam. Pouvez-vous m'instruire ? » L'abbé avait reçu cet athée d'une façon inhabituelle. « Mettez-vous à genoux, confessez-vous à Dieu et vous croirez. » Foucauld protesta : « Vous vous méprenez. Croire n'est pas ce que je cherche… – À genoux ! » répondit l'abbé irascible. L'homme s'exécuta et raconta ses turpitudes. À mesure qu'il s'épanchait, il se troublait. « Êtes-vous à jeun ? – Oui. – Allez communier ! » Et, avec l'hostie, Charles de Foucauld avait reçu définitivement la lumière.

Était-ce lui, cent ans plus tard, qui m'avait convié au désert puis confronté à Dieu ? Faisait-il partie des intercesseurs ?

Parfois, je m'empêchais de penser, car ce que j'élaborais me perturbait, à mille lieues de mon rationalisme philosophique.

Cependant, je revenais toujours à cette nuit époustouflante, aux heures qui la précédèrent… Je me rappelais mon empressement à descendre seul, ma conduite téméraire, mon impatience : était-ce de l'inconscience ou la prémonition d'un rendez-vous ?

Le hasard existe-t-il ? N'est-il pas plutôt le nom que collent à la réalité ceux qui veulent ignorer le destin ?

Abayghur annonça que nous camperions au pied de l'Assekrem. Ceux qui le souhaitaient pouvaient s'y hisser ce soir et assister au crépuscule, les autres attendraient le lendemain.

– Que fais-tu ? me demanda-t-il.

– Comme toi.

Il me lança un clin d'œil, s'occupa des bêtes, prépara le feu, chauffa le thé puis m'enjoignit de le suivre.

Nous montâmes jusqu'à un promontoire.

Devant nous s'étendaient des centaines de kilomètres, les uns plats, les autres occupés par des reliefs. La nature jouait une symphonie sur ses grandes orgues : pour accompagner le majestueux panorama, elle multipliait les irisations, colorait le ciel de teintes rares, depuis l'orange piqué de bleu jusqu'au violet épais, en passant par le turquoise et le parme.

Abayghur s'assura que j'étais assis sans risque de déraper, puis s'éloigna pour prier sur son tapis.

Mon regard changeait sur son attitude. Je la comprenais. Écrasé au sol, Abayghur se soumettait à l'infini, se remettait à sa modeste place d'animal éphémère, se purifiait des mesquineries et fatuités humaines. Il rendait grâce. Il remerciait Dieu d'être en vie, Lui réclamant la force de se comporter toujours au mieux.

Cette hygiène spirituelle, j'en éprouvais désormais le besoin. Et, pour la première fois, gêné, timide, je me mis à prier.

Je ne savais pas comment faire... Alors, par réflexe d'imitation, je m'agenouillai et joignis mes paumes face au crépuscule.

Au début, trop d'idées se percutaient. Je ne songeais qu'à moi, je demeurais le centre. Puis, comme si la prière s'imposait à ma prière, je commençai à me détacher, à lâcher mes désirs, mes récriminations ou mon lyrisme pour devenir translucide, aérien. Je me désencombrais de moi. En m'anéantissant, je rejoignais une paix dont je n'étais pas l'origine.

Soudain, la main d'Abayghur me caressa l'épaule.

Témoin de ma dévotion, il avait attendu le plus long-temps possible mais, la nuit tombant, me rappela que nous devions vite descendre.

Il me semblait content que nous ayons partagé ce moment, même si lui avait prié selon les lois de l'islam, et moi… dans le cadre d'aucune religion.

Revenu auprès du feu, je sortis un livre de mon sac, entre les pages duquel j'avais intercalé quelques cita-tions recopiées.

Mes doigts tremblaient en dépliant le papier que je cherchais. Avais-je bien deviné ?

À la lueur rouge des flammes, je lus les phrases que j'avais tracées huit mois plus tôt.

Je m'abandonne à Toi,
Fais de moi ce qu'il Te plaira.
Quoi que Tu fasses de moi,
Je Te remercie.
Je suis prêt à tout, j'accepte tout,
Pourvu que Ta volonté se fasse en moi, en toutes Tes
    créatures.
Je ne désire rien d'autre, mon Dieu.

Je remets mon âme entre Tes mains.

*Je Te la donne, mon Dieu, avec tout l'amour de mon
cœur, parce que je T'aime, et que ce m'est un besoin
d'amour de me donner, de me remettre entre Tes
mains, sans mesure, avec une infinie confiance, car
Tu es mon Père.*

Charles de Foucauld avait rédigé cette *Prière d'abandon*. L'ayant découverte durant mes recherches, je
l'avais notée car j'y voyais la quintessence de sa spiritua-
lité qui m'était si étrangère.

Aujourd'hui, chaque terme vibrait en moi, je sous-
crivais au moindre mot. Remercier. S'émerveiller.
Adorer.

Je frissonnai.

Je me souvins du jour de juin où j'avais recopié ce
texte. Avais-je conscience de préparer un rendez-vous ?
Non. M'étais-je envoyé à travers le temps un signe dont
je ne comprenais pas même la portée ? Sans doute… Ma
main, que je croyais libre, n'avait peut-être été que l'instrument du destin.

Je repliai le papier, le fourrai dans la poche de ma
chemise en me jurant de le conserver – j'ignorais à
l'époque que la mémoire offre un archivage plus fiable,
surtout aux prières…

Les flammes claires de l'acacia crépitaient. Je salivais
en observant le feu, humant le ragoût à venir.

Quel singulier voyage que cette expédition dans le Hoggar : je croyais aller quelque part et j'arrivais ailleurs. Sublime manipulation ! J'avais été baladé par une main très sûre…

16

– Y a-t-il un désert dans ton pays ?

– Non.

Choqué, Abayghur me dévisagea.

– Vraiment ?

Comme je secouais la tête en signe de confirmation, il soupira.

– Alors comment fais-tu ?

Je saisis sa question, elle signifiait : comment fais-tu pour réfléchir ? La vie intérieure se fortifie du vide extérieur. Là-bas, parviens-tu à te sentir libre ? La nature t'impressionne-t-elle par sa puissance ? La contemples-tu ? L'admires-tu ? À quel endroit vénères-tu sa pureté ? Trouves-tu ta place dans un univers exclusivement humain ? N'étouffes-tu pas parmi ces millions de gens et d'objets ? Où te réfugies-tu lorsque tu veux te retirer, te réjouir d'exister ?

En réponse, je lui désignai le ciel…

Il comprit et sourit, tranquillisé : j'avais ma part de désert !

J'évitai de lui préciser que le ciel en Europe, nuageux, pollué, attaqué par les carnivores éclairages citadins, m'apparaissait moins souvent qu'à lui... Abayghur m'aurait trop plaint, je tenais à l'épargner.

Une secrète mélancolie s'attache aux êtres que l'on quitte après les avoir beaucoup aimés. Un vernis de tristesse auréolait Abayghur, les dromadaires, le paysage. Ce dernier jour, j'éprouvais de la nostalgie à l'avance...

Dans la clairière où nous attendions les jeeps qui nous reconduiraient à Tamanrasset, les bêtes, déchargées, profitaient de l'ombre clémente des acacias et mâchaient les herbes hautes. Les randonneurs se prélassaient à côté de leur sac, la plupart succombant aux douceurs de la sieste. Donald achevait sa tâche de guide en classant évaluations et commentaires.

Abayghur se pencha en arrière, perplexe.

– Je ne sais pas si j'aimerais ton pays...

Il me paraissait évident qu'il ne l'aimerait pas. Sans doute éprouverait-il, devant l'abondance matérielle, le même effroi que nous connaissons devant la vacuité saharienne. Cependant, de quel droit le sous-estimais-je ?

Je lui glissai entre les doigts le papier que j'avais préparé.

– Si tu viens en Europe, appelle-moi. Je m'occuperai de toi comme tu t'es occupé de moi.

Il saisit la feuille et l'émotion déforma ses traits. Autant que moi, il savait qu'il n'irait pas sur notre continent, mais il appréciait mon geste. En remerciement, il toucha son cœur, le mien, puis enfouit mes coordonnées dans son ample robe bleue.

Je me mordis les lèvres. Comme je m'en voulais de redouter ce départ ! Après cette aventure, j'aurais dû avoir la sagesse d'accepter l'éphémère.

– As-tu une maison à Paris ? me demanda Abayghur.

– Non.

Ma réponse lui plut. Je lui semblais fort ainsi. Un nomade sait que tout s'use, les murs aussi ; ce qui ne s'use jamais, c'est l'espace immense. Je ne lui mentionnai donc pas que je louais une mansarde ruineuse.

– *Abayghur ! Ma toulid ?*

Quatre Touareg déboulaient. Enchanté de revoir des amis, Abayghur se leva pour les rejoindre.

J'examinai la peau translucide d'un lézard mort qui gisait sur les ronces sèches à mes pieds.

Mon pays… En avais-je un ? Je savais maintenant que je venais de nulle part et que je n'allais nulle part. Je vagabondais.

Je visai le soleil au zénith.

Mon pays ?

Le désert est mon pays car c'est un pays d'apatrides. C'est le pays des vrais hommes qui se défont des liens. C'est le pays de Dieu.

– Oh, oh ! Un *Balanites aegyptiaca* !

Thomas s'extasiait devant un arbre très épineux à l'écorce crevassée dont Tarik, mon ancien destrier, mordillait une branche.

– Un dattier du désert, spécifia-t-il à notre intention.

Continuant son travail, Thomas épinglait dans un registre chaque parcelle de réalité. Il voulait tout inventorier, que ce fussent les minéraux, les plantes, les animaux, jusqu'aux insectes... Avec un enthousiasme inextinguible, il nommait la multitude, comme s'il allait apprivoiser la profusion, maîtriser le foisonnement, policer le grouillement. Sous cette passion encyclopédique, je décelais une sourde angoisse. Dénombrer l'infini, n'était-ce pas le refuser ? Thomas fichait, cernait, enregistrait, cadastrait, limitait. Rien ne devait le dépasser ou le surprendre. Au fond, il s'inquiétait de la prodigalité sans terme de la nature, de ses inventions constantes ; tel le parieur de casino qui prétend domestiquer le hasard, il tentait de prendre le dessus. Son recensement frénétique ne se mettait pas au service de l'infini, il le niait.

Je pratiquais l'attitude inverse : je regardais autour de moi non pour apprendre mais pour désapprendre, m'évertuant à saisir en chaque être, chaque élément, chaque paysage autre chose que ce qu'en avaient déjà dit les hommes. En réalité, j'entreprenais de me remplir de vide.

Qui avait raison ?

Personne…

Chaque voyageur répond à l'appel évasif du souci qui le ronge.

Ainsi Gérard avait passé beaucoup de temps à l'ermitage reconstitué de l'Assekrem. À quoi avait-il songé ? Je commençais à me rendre compte que, par maints aspects, il s'apparentait à un nomade : à Paris, près de l'Odéon, il traversait plus qu'il n'habitait un appartement spartiate, surface de moquette orange sans meubles – à l'exception d'un bureau et d'un lit – où les objets dormaient dans des cartons de déménagement ; toujours en tournage ou en tournée, il alternait deux ou trois tenues pratiques et ne tenait à nul bien matériel. La fraternité que cet athée entretenait avec Charles de Foucauld relevait d'un ordre différent.

Ségolène, elle, avait rencontré la congrégation des Petits Frères de Jésus pendant des heures. Ce matin, une querelle avait éclaté entre elle et Jean-Pierre, l'astronome. Parce qu'il n'avait pu s'empêcher de vilipender les religieux, elle lui avait volé dans les plumes. J'avais assisté à leur dispute sans intervenir… Depuis ma nuit pourtant, j'aurais dû me sentir proche de la croyante et m'opposer à l'athée militant. En fait, je ne me retrouvais en aucun des deux : ils se cramponnaient à des solutions simples, croire, ne pas croire, montrant un appétit suspect d'opinions catégoriques. Ni l'un ni l'autre ne supportaient le cheminement, le doute, l'interrogation. En affirmant leur choix, ils ne voulaient pas penser, mais en finir avec la pensée. Ils ne désiraient qu'une chose : se délivrer du questionnement. Un souffle de mort figeait leur esprit.

Puisque Abayghur s'était lancé dans une conversation animée avec ses amis, j'en profitai pour atteindre sa gibecière et, d'un geste vif, y glisser la montre qu'il admirait tant. Il la découvrirait une fois que je serais parti et, en demandant intérieurement à mon grand-père de me pardonner, je lui assurai que le Touareg, lui, en remonterait le ressort tous les jours après sa prière du matin.

– Oh là là, mes orteils... Quel carnage... Jamais vu ça...

Marc et Martine, ceux qui s'étaient épouvantés de pénétrer le Sahara une semaine plus tôt, se soignaient mutuellement les pieds. À leurs yeux, l'expédition se réduisait à un parcours d'obstacles qu'ils avaient franchis, le nez collé à chaque difficulté, pas davantage. Les épreuves ne les avaient pas modifiés. Comme souvenirs, ils emportaient des photos, des ampoules et des coups de soleil. Le désert avait réuni les conditions de l'ennui : la solitude, la disparition du vivant, la monotonie, la pauvreté, le silence. Sans vergogne, ils proclamaient leur bonheur de regagner leur univers. Ils se réjouissaient non du désert mais d'y être entrés et d'en sortir intacts. Ils étaient satisfaits d'eux.

– Elles se pointent, ces jeeps ? s'écria Martine.

– Qu'est-ce que ça vaut, renchérit son mari, ces rendez-vous au milieu de nulle part ? Les chauffeurs sont-ils vraiment au courant du lieu, du jour, de l'heure ?

– Tais-toi, tu m'inquiètes !...

Ils jouaient à se faire peur. Durant l'expédition, ils avaient en permanence prévu le pire. Quoique perpétuellement démentis, ils s'encombraient d'inquiétudes ; du coup, lorsque les problèmes se résolvaient, ils n'étaient pas contents, juste soulagés.

– C'est vrai qu'elles tardent, ces jeeps...

S'ils craignaient qu'elles n'arrivent pas, moi, j'appréhendais qu'elles surgissent.

La perspective de quitter le Hoggar me fragilisait. À mesure que le temps passait, que le mont Tahat s'éloignait, je portais un regard critique sur ma nuit étoilée... Ne m'étais-je pas emballé trop vite ? N'avais-je pas interprété de façon mystico-religieuse des phénomènes purement somatiques ? La soif, la faim, l'épuisement avaient affecté mon corps et m'avaient conduit au délire. Et ce bien-être absolu dont je gardais le souvenir, ne le devais-je pas à mon hypothalamus qui avait sécrété des endorphines ? Cette « foi » que je croyais apercevoir en moi, n'était-ce pas l'habillage spirituel de la confiance que mon système nerveux avait chimiquement générée pour me permettre de dominer ma terreur et ma fatigue ?

Les explications matérialistes de ma nuit mystique affluaient, toujours plus nombreuses, détaillées, décapantes. Je me les fournissais facilement car mon métier de philosophe m'en procurait la matière et m'y encourageait. Si je n'avais rien dit à mon retour du Tahat, ce n'était pas par pudeur ou par disette de mots, mais bien parce qu'une partie intelligente de moi avait soupçonné que mon récit se vautrait dans le grotesque.

Et pourtant…

Quand l'instance dénigrante de mon cerveau se taisait, je récupérais la joie, la paix et la béatitude.

Qu'en resterait-il lorsque je quitterais le désert ? Ma révélation allait-elle subir l'outrage des ans ? Ma foi se dégraderait-elle en franchissant la frontière ?

– Voilà les jeeps !

Marc et Martine exultaient. Chacun se redressa pour porter son sac jusqu'aux véhicules.

Abayghur se planta devant moi. Nous nous contemplâmes interminablement en silence. Nous savions que nous ne nous reverrions jamais.

Il sourit. Je lui souris en retour.

Dans cet adieu, malgré l'émotion qui mouillait nos yeux, la joie l'emportait sur le chagrin : à la douleur de nous quitter, nous substituions le bonheur de nous être connus.

Il posa sa main sur mon épaule, me fixa de ses iris clairs et, quoique aujourd'hui je ne puisse déterminer s'il le dit ou si je l'entendis sans qu'il le prononçât, il me donna son ultime conseil de Saharien :

– N'oublie pas l'inoubliable.

Épilogue

Vingt-cinq ans se sont écoulés entre l'expédition saharienne et le récit que j'en fais aujourd'hui.

Ma foi a supporté autant le dépaysement que le passage du temps ; elle n'a cessé de croître ; celle qui se limitait à un filet d'eau au milieu du désert s'est élargie aux dimensions d'un fleuve. Telle est, d'ordinaire, la vocation des sources…

Longtemps, j'ai gardé cette foi secrète. Elle me modifiait en sourdine. Tandis qu'elle creusait son lit, ma perception du monde s'enrichissait : je lisais les livres instigateurs des spiritualités, celles de l'Orient comme celles de l'Occident, j'entrais dans le jardin des religions par la petite porte du fond, la discrète, la porte des poètes mystiques, ces hommes buissonniers, éloignés des dogmes et des institutions, qui ressentent davantage qu'ils ne prescrivent. Au regard humaniste penché sur les croyances des peuples s'adjoignait la flamme intérieure, celle que je partageais avec des individus de toutes époques et de toutes latitudes. Des fraternités se tissaient. L'univers s'agrandissait.

Au retour du Hoggar, l'écrivain larvaire qui sommeillait en moi depuis l'enfance s'est assis à une table pour devenir le scribe des histoires qui le traversent. Je suis né deux fois : une fois à Lyon en 1960, une fois au Sahara en 1989.

Depuis, romans, pièces, nouvelles, contes se sont succédé, tracés par ma plume sous un ciel de sérénité, avec difficulté parfois, facilité souvent, passion toujours. La nuit inspirée m'avait harmonisé ; mon corps, mon cœur et mon intelligence vibraient de concert au lieu que chacun file de son côté. Cette expérience m'avait surtout doté d'une légitimité. Un talent reste vain s'il s'engage au service de lui-même, sans autre objectif que se faire reconnaître, admirer ou applaudir ; un vrai talent doit transmettre des valeurs qui le dépassent et qui le portent. Si j'avais pu être, un soir, le réceptacle d'une révélation, j'avais, à mes yeux, le droit de prendre la parole.

Je tremble qu'on se méprenne sur ma confidence... Non, je ne me vois ni comme un prophète, ni comme un inspiré ; non, je ne m'estime pas un porte-voix de Dieu ; au contraire, je me juge indigne de la grâce que j'ai reçue et, y travaillerais-je toute mon existence, je n'arriverais jamais à la mériter.

Cependant, à l'instar de tout homme, je ne triche

pas : je vis et j'écris à partir d'un lieu, mon âme. Or celle-ci a vu la lumière – et la voit encore, y compris à travers les ténèbres les plus charbonneuses.

Je tins ma nuit clandestine jusqu'au jour où une journaliste m'asticota vivement : «Comment se fait-il, répétait-elle en boucle, que resplendissent un tel amour de la vie, une telle paix au cœur de vos écrits ? Vous pouvez traiter des sujets tragiques sans complaisance ni pathos ni désespoir. Par quel miracle ?» Je la connaissais, je l'appréciais, je la savais protestante et, devant sa lucidité insistante, j'avouai que j'avais connu Dieu au pied du mont Tahat.

– Y retournerez-vous ? s'enquit-elle.

– Y retourner… Pourquoi ?

Une fois suffit.

Une foi aussi.

Lorsqu'on a rencontré la sollicitation de l'invisible, on se débrouille avec ce cadeau.

Le surprenant, dans une révélation, c'est que, malgré l'évidence éprouvée, on continue à être libre. Libre de ne pas voir ce qui s'est passé. Libre d'en produire une lecture réductrice. Libre de s'en détourner. Libre de l'oublier.

Je ne me suis jamais senti si libre qu'après avoir rencontré Dieu, car je détiens encore le pouvoir de le nier. Je ne me suis jamais senti si libre qu'après avoir été manipulé par le destin, car je peux toujours me réfugier dans la superstition du hasard.

Une expérience mystique s'avère une expérience paradoxale : la force de Dieu n'annihile pas la mienne ; le contact du moi et de l'Absolu n'empêche pas de remettre ensuite le moi devant ; l'intensité péremptoire du sentiment ne supprime en rien les délibérations de l'intellect.

« La dernière démarche de la raison, c'est de connaître qu'il y a une infinité de choses qui la surpassent. Elle est bien faible si elle ne va jusque-là. » Or la raison n'a guère d'humilité spontanée, il faut qu'on la bouscule. Pascal, rationaliste suprême, philosophe, mathématicien, virtuose de l'intelligence, avait été obligé, le 23 novembre 1654, de rendre les armes : Dieu l'avait foudroyé aux environs de minuit. Toute son existence, laquelle avait désormais découvert son sens, il porta sur lui, caché dans la doublure de sa veste, le récit sibyllin de cette nuit qu'il appelait *la nuit de feu*.

« La foi est différente de la preuve. L'une est humaine, l'autre est un don de Dieu. C'est le cœur qui sent Dieu, et non la raison. Voilà ce que c'est que la foi, Dieu sensible au cœur, non à la raison. »

Lors de ma nuit au Sahara, je n'ai rien appris, j'ai cru.

Pour évoquer sa foi, l'homme moderne doit se montrer rigoureux. Si on me demande : « Dieu existe-t-il ? », je réponds : « Je ne sais pas » car, philosophiquement, je demeure agnostique, unique parti tenable avec la seule raison. Cependant, j'ajoute : «Je crois que oui.» La croyance se distingue radicalement de la science. Je ne les confondrai pas. Ce que je sais n'est pas ce que je crois. Et ce que je crois ne deviendra jamais ce que je sais.

Face au questionnement sur l'existence de Dieu, se présentent trois types d'individus honnêtes, le croyant qui dit : «Je ne sais pas mais je crois que oui», l'athée qui dit : «Je ne sais pas mais je crois que non», l'indifférent qui dit : «Je ne sais pas et je m'en moque.»

L'escroquerie commence chez celui qui clame : «Je sais !» Qu'il affirme : «Je sais que Dieu existe» ou «Je sais que Dieu n'existe pas», il outrepasse les pouvoirs de la raison, il vire à l'intégrisme, intégrisme religieux ou intégrisme athée, prenant le chemin funeste du fanatisme et de ses horizons de mort. Les certitudes ne créent que des cadavres.

En notre siècle où, comme jadis, on tue au nom de Dieu, il importe de ne pas amalgamer les croyants et les imposteurs : les amis de Dieu restent ceux qui Le cherchent, pas ceux qui parlent à Sa place en prétendant L'avoir trouvé.

La confiance du croyant offre une façon d'habiter le mystère. Comme l'angoisse de l'athée… Le mystère, lui, subsiste.

Plus j'avance en âge, plus je me rends compte que l'agnosticisme constitue une position majoritairement refusée. Les hommes tiennent à savoir ! Alors qu'il n'y a que des *agnostiques croyants*, des *agnostiques athées*, des *agnostiques indifférents*, des millions d'individus s'entêtent à mêler foi et raison, à refuser la complexité de l'esprit, à en simplifier les registres pour transformer en vérité universelle des sentiments très personnels.

Nous devons reconnaître et cultiver notre ignorance. L'humanisme pacifique coûte ce prix-là. Tous, nous ne sommes frères qu'en ignorance, pas en croyance. Ce ne sera qu'au nom de l'ignorance partagée que nous tolérerons les croyances qui nous séparent. En l'autre, je dois respecter d'abord le même que moi, celui qui voudrait savoir et ne sait pas ; puis, au nom du même, je respecterai ensuite ses différences.

Lorsque, après ma nuit de feu, j'avais regagné notre bivouac dans l'oued sableux, j'avais fort mal interprété ce que m'avouait Ségolène qui avait prié Dieu de me tirer de ce mauvais pas. Je m'étais indigné, comme je le fais encore, que Dieu, en cas d'injustice ou de cataclysme, n'intervînt pas pour chacun ! Or Dieu n'est pas Celui qui sauve les hommes mais Celui qui leur propose de penser à leur salut.

Ce récit, s'il ébranle certains, ne convaincra personne… J'en suis conscient. J'en souffre… Combien de fois aurais-je voulu transmettre la confiance qui me brûle ? Comme j'aurais souhaité, souvent, en face d'amis désorientés ou d'inconnus désespérés, me montrer persuasif ! Hélas, je ne suis pas contagieux… Seuls les arguments rationnels ont le pouvoir d'emporter l'adhésion, pas les expériences. Je n'ai fait qu'éprouver, je ne prouverai donc pas, je me contente de témoigner.

En rédigeant ces pages, j'ai tremblé, jubilé, haleté, retenu mon souffle, hurlé d'enthousiasme, perclus par tant d'émotions que ce livre m'envoya deux fois à l'hôpital… Inépuisable, cette nuit de feu continue à modeler mon corps, mon âme, ma vie, tel un alchimiste souverain qui n'abandonnera pas son œuvre.

Une nuit sur terre m'a mis en joie pour l'existence entière.

Une nuit sur terre m'a fait pressentir l'éternité.

Tout commence.

DU MÊME AUTEUR

L'ENFANT DE NOÉ, 2004.

LE SUMO QUI NE POUVAIT PAS GROSSIR, 2009.

LES DIX ENFANTS QUE MADAME MING N'A JAMAIS EUS, 2012.

Essais

DIDEROT, OU LA PHILOSOPHIE DE LA SÉDUCTION, 1997.

MA VIE AVEC MOZART, 2005.

QUAND JE PENSE QUE BEETHOVEN EST MORT ALORS QUE TANT DE CRÉTINS VIVENT, 2010.

Beau livre

LE CARNAVAL DES ANIMAUX, musique de Camille Saint-Saëns, illustrations de Pascale Bordet, 2014.

Théâtre

*Le Grand Prix du Théâtre de l'Académie française
a été décerné à Éric-Emmanuel Schmitt
pour l'ensemble de son œuvre*

LA NUIT DE VALOGNES, 1991.

LE VISITEUR (Molière du meilleur auteur), 1993.

GOLDEN JOE, 1995.

VARIATIONS ÉNIGMATIQUES, 1996.

LE LIBERTIN, 1997.

FRÉDÉRICK, OU LE BOULEVARD DU CRIME, 1998.

HÔTEL DES DEUX MONDES, 1999.

PETITS CRIMES CONJUGAUX, 2003.

MES ÉVANGILES (*La Nuit des Oliviers, L'Évangile selon Pilate*), 2004.

LA TECTONIQUE DES SENTIMENTS, 2008.

UN HOMME TROP FACILE, 2013.

THE GUITRYS, 2013.

LA TRAHISON D'EINSTEIN, 2014.

GEORGES ET GEORGES, Livre de Poche, 2014.

SI ON RECOMMENÇAIT, Livre de Poche, 2014.

Site Internet : eric-emmanuel-schmitt.com

Composition IGS-CP
Éditions Albin Michel
22, rue Huyghens, 75014 Paris
www.albin-michel.fr
ISBN broché : 978-2-226-31829-9
ISBN luxe : 978-2-226-18487-2
N° d'édition : 21875/01
Dépôt légal : septembre 2015
Imprimé au Canada chez Marquis Imprimeur inc.